中华人民共和国
行政许可法
注解与配套

第六版

中国法制出版社
CHINA LEGAL PUBLISHING HOUSE

图书在版编目（CIP）数据

中华人民共和国行政许可法注解与配套／中国法制出版社编．—北京：中国法制出版社，2023.7
（法律注解与配套丛书）
ISBN 978-7-5216-3715-1

Ⅰ．①中… Ⅱ．①中… Ⅲ．①行政许可法-法律解释-中国 Ⅳ．①D922.112.5

中国国家版本馆 CIP 数据核字（2023）第 118883 号

| 策划编辑：袁笋冰 | 责任编辑：欧 丹 | 封面设计：周黎明 |

中华人民共和国行政许可法注解与配套
ZHONGHUA RENMIN GONGHEGUO XINGZHENG XUKEFA ZHUJIE YU PEITAO

经销/新华书店
印刷/三河市紫恒印装有限公司
开本/850 毫米×1168 毫米 32 开　　　　　　　印张/ 8.5　字数/ 194 千
版次/2023 年 7 月第 1 版　　　　　　　　　　　2023 年 7 月第 1 次印刷

中国法制出版社出版
书号 ISBN 978-7-5216-3715-1　　　　　　　　　　　　　定价：26.00 元

北京市西城区西便门西里甲 16 号西便门办公区
邮政编码：100053　　　　　　　　　　　　　　传真：010-63141600
网址：http：//www.zgfzs.com　　　　　　　　编辑部电话：010-63141655
市场营销部电话：010-63141612　　　　　　　　印务部电话：010-63141606

（如有印装质量问题，请与本社印务部联系。）

出版说明

中国法制出版社一直致力于出版适合大众需求的法律图书。为了帮助读者准确理解与适用法律，我社于2008年9月推出"法律注解与配套丛书"，深受广大读者的认同与喜爱，此后推出的第二、三、四、五版也持续热销。为了更好地服务读者，及时反映国家最新立法动态及法律文件的多次清理结果，我社决定推出"法律注解与配套丛书"（第六版）。

本丛书具有以下特点：

1. 由相关领域的具有丰富实践经验和学术素养的法律专业人士撰写适用导引，对相关法律领域作提纲挈领的说明，重点提示立法动态及适用重点、难点。

2. 对主体法中的重点法条及专业术语进行注解，帮助读者把握立法精神，理解条文含义。

3. 根据司法实践提炼疑难问题，由相关专家运用法律规定及原理进行权威解答。

4. 在主体法律文件之后择要收录与其实施相关的配套规定，便于读者查找、应用。

此外，为了凸显丛书简约、实用的特色，分册根据需要附上实用图表、办事流程等，方便读者查阅使用。

真诚希望本丛书的出版能给您在法律的应用上带来帮助和便利，同时也恳请广大读者对书中存在的不足之处提出批评和建议。

中国法制出版社
2023年7月

适 用 导 引

行政许可是行政机关依法对社会、经济事务实行事前监督管理的一种重要手段，长期以来在我国的经济社会生活中发挥着重要的作用。2003年8月27第十届全国人民代表大会常务委员会第四次会议通过《中华人民共和国行政许可法》，该法确立的行政许可制度体现了合法与合理、效能与便民、监督与责任的原则，对于巩固行政审批制度改革成果，履行我国对外承诺，进一步推进行政管理体制改革，从源头上预防和治理腐败，都有重要意义。

2019年4月23日，第十三届全国人民代表大会常务委员会第十次会议修正《中华人民共和国行政许可法》，自公布之日起施行。

行政许可法主要包括以下内容：

一、关于本法的调整范围

本法所要规范的行政许可，是指行政机关根据公民、法人或者其他组织的申请，经依法审查，准予其从事特定活动的行为（第2条）。有关行政机关对其他机关或者对其直接管理的事业单位的人事、财务、外事等事项的审批，不适用本法（第3条）。

二、关于行政许可的设定权

行政许可是一项重要的行政权力。设定行政许可属于立法行为，应当符合立法法确定的立法体制和依法行政的要求，做到相对集中。总的来说，只有法律、行政法规和国务院有普遍约束力的决定可以设定行政许可，地方性法规和地方政府规章可以依据法定条件设定行政许可，其他规范性文件一律不得设定行政许可。据此，按照合法性原则，本法第14-16条对行政许可设定权从严作了规定。

三、关于设定行政许可的事项

在现实生活中存在一种倾向，一讲行政管理，就要审批。于是，什么事情都要设定行政许可。针对这个问题，本法第12条对可以设定行政许可的六大事项作了具体规定。同时，设定行政许可还要坚持合理的原则，可以设定行政许可的事项，也并不是都要设定行政许可。据此，本法第13条明确规定：本法第12条所列事项，通过下列方式能够予以规范的，可以不设行政许可：(1) 公民、法人或者其他组织能够自主决定的；(2) 市场竞争机制能够有效调节的；(3) 行业组织或者中介机构能够自律管理的；(4) 行政机关采用事后监督等其他行政管理方式能够解决的。

四、关于行政许可的分类

为了对行政许可加以规范，强化对实施行政许可的监督，本法第12条借鉴国外通行做法，根据性质、功能、适用事项的不同，将行政许可分为以下五类：一是普通许可（第12条第1项）；二是特许（第12条第2项）；三是认可（第12条第3项）；四是核准（第12条第4项）；五是登记（第12条第5项）。

五、关于行政许可程序

行政许可程序是规范行政许可行为，防止滥用权力、保证正确行使权力的重要环节，需要作出具体规定。

按照效能与便民的原则，本法总结成功实践经验，借鉴国外通行做法，从行政机关和老百姓两个方面对实施行政许可的一般程序作了规定：(1) 省级人民政府经国务院批准，可以将几个行政机关行使的行政许可权相对集中（第25条）。(2) 一个行政机关实施行政许可涉及机关内部几道环节的，应当"一个窗口"对外。依法需要几个部门几道许可的，可以由一个部门牵头征求其他有关部门意见后统一办理，或者实行联合办理、集中办理，尽量减少"多头审批"（第26条）。(3) 行政机关应当将有关行政许可事项的规定在办公场所公示，以防止"暗箱操作"（第30条）。(4) 作出行政许可决定前，行政机关应当听取意见；不予行政许可的，要说明理由（第38条）。本法还针对各类行政许可的特点规定了不同的特别程序。

六、关于监督和责任

关于对实施行政许可的监督，本法规定：（1）行政机关应当对被许可人是否依法从事行政许可事项的活动监督检查，监督检查情况要作详细记录，并接受公众查阅（第61条）。(2) 为了便于行政机关履行监督责任，赋予行政机关抽样检查、检测、检验和实地检查的权力（第62条）。(3) 为了提高监督力度，行政机关应当采取措施，通过举报渠道实施监督（第65条）。

此外，本法还对违法设定或者实施行政许可的，对公民、法人或者其他组织擅自从事应当经过行政许可的活动的，都规定了明确、具体的法律责任。

目　　录

适用导引 ………………………………………………………… *1*

中华人民共和国行政许可法

第一章　总　　则

第一条　【立法目的】 ……………………………………… 2
第二条　【行政许可的含义】 ……………………………… 2
 1. 商标注册是不是行政许可？ ………………………… 2
 2. 预算内投资的审批是不是行政许可？ ……………… 3
 3. 投资项目的审批与核准是不是行政许可？ ………… 3
 4. 国有企业生产计划的审批是否属于行政许可？ …… 3
 5. 食盐专营许可证的统一印刷，是不是行政许可？ …… 3
 6. 职业培训持证上岗，是不是行政许可？ …………… 3
 7. 工程验收是不是行政许可？ ………………………… 3
 8. 认证行为，如无公害食品标志认证，绿色食品标志认证，是不是行政许可？ ……………………………… 3
 9. 企业年度检验是否属于行政许可？ ………………… 4
第三条　【适用范围】 ……………………………………… 4
第四条　【合法原则】 ……………………………………… 4
第五条　【公开、公平、公正、非歧视原则】 …………… 4

第六条 【便民原则】 5
第七条 【陈述权、申辩权和救济权】 6
第八条 【信赖保护原则】 7
 10. 小煤矿的关闭、各种营运车辆的取缔是否适用信赖
   保护原则？ 8
 11. 娱乐场所的关闭是否适用信赖保护原则？ 8
第九条 【行政许可的转让】 8
 12. 不得转让行政许可的例外情况有哪些？ 9
第十条 【行政许可监督】 9

第二章 行政许可的设定

第十一条 【行政许可设定原则】 10
 13. 行政许可设定标准是什么？ 10
 14. 如何对设定的行政许可进行监督？ 11
第十二条 【行政许可的设定事项】 12
 15. 大型批发市场（食品、药品、建材等批发市场）
   重复建设的控制，能否设定行政许可？ 14
 16. 对现行依据带密级的文件实施的行政许可如何处理？ ... 14
第十三条 【不设定行政许可的事项】 14
第十四条 【法律、行政法规、国务院决定的行政
     许可设定权】 14
 17. 提请国务院发布决定设定行政许可的事项是否
   应当包括实施机关、条件、程序、期限等内容？ ... 15
第十五条 【地方性法规、省级政府规章的行政许
     可设定权】 15
 18. 国务院部门规章能否设定行政许可？ 17
 19. 自治州、自治县的单行条例能否设定行政许可？ ... 17

20. 省级人民政府规章设定的临时性行政许可，实施满一年后需要继续实施的，如何过渡？ ……………… 17
21. 地方性法规对其设定的行政许可的适用范围没有施加地域限制的，行政许可在什么范围内有效？ …… 17

第十六条　【行政许可规定权】………………………… 18
22. 法律、行政法规规定由行政机关实施行政许可，规章可否规定由该行政机关内设机构或所属事业单位受理许可申请？ …………………………… 18

第十七条　【其他规范性文件不得设定行政许可】……… 19
23. 现行部门规章、规范性文件设立的行政许可确需保留，但一时又难以制定法律、行政法规的，如何处理？ ……………………………………………… 19

第十八条　【行政许可应当明确规定的事项】…………… 19
第十九条　【设定行政许可应当听取意见、说明理由】… 19
24. 行政许可设定的审查程序是什么？ ………………… 19
第二十条　【行政许可评价制度】………………………… 21
第二十一条　【停止实施行政许可】……………………… 21

第三章　行政许可的实施机关

第二十二条　【行政许可实施主体的一般规定】………… 22
25. 《社会团体登记管理条例》规定，民政部门为社团登记管理机关。而有些省市已设立社会团体管理局，行使社团登记审批权。能否确认社团管理局的许可实施主体资格？ ……………………………………… 22
第二十三条　【法律、法规授权组织实施行政许可】…… 22
第二十四条　【委托实施行政许可的主体】……………… 22
第二十五条　【相对集中行政许可权】…………………… 24

3

第二十六条 【一个窗口对外、统一办理或者联合
　　　　　　办理、集中办理】 ················· 24
第二十七条 【行政机关及其工作人员的纪律约束】 ······· 24
第二十八条 【授权专业组织实施的指导性规定】 ········ 25

第四章　行政许可的实施程序

第一节　申请与受理

第二十九条 【行政许可申请】 ···················· 25
第 三 十 条 【行政机关公示义务】 ················ 26
第三十一条 【申请人提交真实材料、反映真实
　　　　　　情况义务】 ······················ 26
第三十二条 【行政许可申请的处理】 ··············· 26
第三十三条 【鼓励行政机关发展电子政务实施
　　　　　　行政许可】 ······················ 27

第二节　审查与决定

第三十四条 【审查行政许可材料】 ················ 27
第三十五条 【多层级行政机关实施行政许可的
　　　　　　审查程序】 ······················ 28
第三十六条 【直接关系他人重大利益的行政许
　　　　　　可审查程序】 ····················· 28
第三十七条 【行政机关依法作出行政许可决定】 ······· 29
第三十八条 【行政机关许可和不予许可应当履
　　　　　　行的义务】 ······················ 29

26. 本条规定，申请人的申请符合法定条件、标准的，
　　 行政机关应当依法作出准予行政许可的书面决定。
　　 法定条件、标准是否包括部门规章中的条件？ ········ 29

第三十九条　【颁发行政许可证件】·············· 30

第 四 十 条　【准予行政许可决定的公开义务】······· 30

27. 行政许可查阅权案件的原告资格是？·············· 31

第四十一条　【行政许可的地域效力】············· 31

第三节　期　　限

第四十二条　【行政许可一般期限】·············· 32

第四十三条　【多层级许可的审查期限】············ 32

第四十四条　【许可证章颁发期限】·············· 32

第四十五条　【不纳入许可期限的事项】············ 33

28. 质检所、药检所、农药检验所检验有关产品、物品的时间是否属于第45条规定的不计算在审查期限内的情形？································ 33

第四节　听　　证

第四十六条　【行政机关主动举行听证的行政许可事项】···························· 33

第四十七条　【行政机关应申请举行听证的行政许可事项】···························· 34

第四十八条　【行政许可听证程序规则】············ 34

29. 听证笔录应当载明哪些内容？采用什么形式作出？···· 35

第五节　变更与延续

第四十九条　【变更行政许可的程序】············· 35

30. 某企业取得爆炸物品生产许可证，后想从事爆炸物品销售业务，此时能否提出变更行政许可的申请？··· 36

31. 申请人应在何时提出变更行政许可的申请？········· 36

32. 变更行政许可事项的审查期限应为多长？·········· 36

5

第 五 十 条 　【延续行政许可的程序】 ················ 36

第六节　特别规定

第五十一条 　【本节和本章其他规定适用规则】 ········ 36
第五十二条 　【国务院实施行政许可程序】 ·········· 37
第五十三条 　【通过招标拍卖作出行政许可决定】 ····· 37
第五十四条 　【通过考试考核方式作出行政许可决定】 ·· 38
第五十五条 　【根据技术标准、技术规范作出行政许
　　　　　　　可决定】 ······················ 38
第五十六条 　【当场许可的特别规定】 ·············· 39
第五十七条 　【有数量限制的行政许可】 ············ 39

第五章　行政许可的费用

第五十八条 　【收费原则和经费保障】 ·············· 39
33. 对哪些行政许可事项是可以收费的? ············· 40
第五十九条 　【收费规则以及对收费所得款项的处理】 ··· 40

第六章　监督检查

第 六 十 条 　【行政许可层级监督】 ················ 41
第六十一条 　【书面检查原则】 ···················· 41
第六十二条 　【抽样检查、检验、检测和实地检查、
　　　　　　　定期检验权适用的情形及程序】 ······ 42
第六十三条 　【行政机关实施监督检查时应当遵守的
　　　　　　　纪律】 ························ 42
第六十四条 　【行政许可监督检查的属地管辖与协作】 ··· 43
第六十五条 　【个人、组织对违法从事行政许可活动
　　　　　　　的监督】 ······················ 43

第六十六条　【行政机关监督被许可人依法履行开发利用有限自然资源、公共资源义务】………43

第六十七条　【行政机关监督取得直接关系公共利益的特定行业市场准入行政许可的被许可人履行义务】………43

第六十八条　【行政机关督促重要设备、设施的设计、建造、安装和使用单位建立自检制度并对监督检查中发现的安全隐患及时采取措施】………44

第六十九条　【撤销行政许可的情形】………44

第 七 十 条　【注销行政许可的情形】………45

第七章　法律责任

第七十一条　【规范性文件违法设定行政许可的法律责任】………46

第七十二条　【行政机关及其工作人员违反行政许可程序应当承担的法律责任】………46

第七十三条　【行政机关工作人员索取或者收受他人财物及利益应当承担的法律责任】………47

第七十四条　【行政机关及其工作人员实体违法的法律责任】………47

第七十五条　【行政机关及其工作人员违反收费规定的法律责任】………47

第七十六条　【行政机关违法实施许可的赔偿责任】………48

第七十七条　【行政机关不依法履行监督责任或者监督不力的法律责任】………48

第七十八条　【申请人申请不实应承担的法律责任】………48

第七十九条 【申请人以欺骗、贿赂等不正当手段取得行政许可应当承担的法律责任】 …… 48

第 八 十 条 【被许可人违法从事行政许可活动的法律责任】 …… 48

第八十一条 【公民、法人或者其他组织未经行政许可从事应当取得行政许可活动的法律责任】 …… 49

第八章 附 则

第八十二条 【行政许可的期限计算】 …… 49

第八十三条 【施行日期及对现行行政许可进行清理的规定】 …… 49

配套法规

国务院关于严格控制新设行政许可的通知 …… 50
　（2013年9月19日）

国务院关于贯彻实施《中华人民共和国行政许可法》的通知 …… 55
　（2003年9月28日）

最高人民法院关于审理行政许可案件若干问题的规定 …… 59
　（2009年12月14日）

国务院法制办公室对《关于提请解释〈中华人民共和国行政许可法〉有关适用问题的函》的复函 …… 62
　（2004年8月2日）

关于贯彻行政审批制度改革的五项原则需要把握的几个问题 …… 64
　（2001年12月11日）

国务院法制办公室对《关于清理行政许可收费若干问题的函》的复函 ·················· 72
　　（2004年6月23日）
交通行政许可实施程序规定 ·················· 73
　　（2004年11月22日）
民政部门实施行政许可办法 ·················· 80
　　（2004年6月8日）
公安机关行政许可工作规定 ·················· 92
　　（2005年9月17日）
卫生行政许可管理办法 ·················· 100
　　（2017年12月26日）
司法行政机关行政许可实施与监督工作规则（试行） ········ 113
　　（2004年7月6日）
农业行政许可听证程序规定 ·················· 122
　　（2004年6月28日）
水行政许可实施办法 ·················· 128
　　（2005年7月8日）
气象行政许可实施办法 ·················· 142
　　（2017年1月18日）
档案行政许可程序规定 ·················· 152
　　（2005年5月17日）
劳务派遣行政许可实施办法 ·················· 157
　　（2013年6月20日）
中国人民银行行政许可实施办法 ·················· 164
　　（2020年3月20日）
中国银保监会行政许可实施程序规定 ·················· 179
　　（2020年5月24日）

工业和信息化部行政许可实施办法 …………………… 187
　　（2017年10月20日）
国家铁路局行政许可实施程序规定 …………………… 200
　　（2021年1月28日）
市场监督管理行政许可程序暂行规定 ………………… 205
　　（2022年3月24日）
中华人民共和国海事行政许可条件规定 ……………… 222
　　（2021年9月1日）
中国证券监督管理委员会行政许可实施程序规定 …… 231
　　（2023年2月17日）
旅游行政许可办法 ……………………………………… 243
　　（2018年3月9日）

中华人民共和国行政许可法

(2003年8月27日第十届全国人民代表大会常务委员会第四次会议通过 根据2019年4月23日第十三届全国人民代表大会常务委员会第十次会议《关于修改〈中华人民共和国建筑法〉等八部法律的决定》修正)

目 录

第一章 总 则
第二章 行政许可的设定
第三章 行政许可的实施机关
第四章 行政许可的实施程序
 第一节 申请与受理
 第二节 审查与决定
 第三节 期 限
 第四节 听 证
 第五节 变更与延续
 第六节 特别规定
第五章 行政许可的费用
第六章 监督检查
第七章 法律责任
第八章 附 则

第一章 总 则

第一条 【立法目的】* 为了规范行政许可的设定和实施，保护公民、法人和其他组织的合法权益，维护公共利益和社会秩序，保障和监督行政机关有效实施行政管理，根据宪法，制定本法。

第二条 【行政许可的含义】本法所称行政许可，是指行政机关根据公民、法人或者其他组织的申请，经依法审查，准予其从事特定活动的行为。

注解

判断一个行为是否属于行政许可，按照《行政许可法》第2条、第3条、第12条的规定，要注意把握以下几点：

一是，行政许可是行政机关对经济和社会事务的管理行为，不包括对民事权利、民事关系的确认。因此，植物新品种权的授予，组织机构代码、商品条码的注册，产权登记，机动车登记，婚姻登记，户籍登记，抵押登记等，不是行政许可；而城市规划管理中选址意见书的批准，土地管理中对国有土地使用权出让的批准，是行政许可。

二是，行政许可是行政机关的外部行政管理行为。外交部门对地方政府外事办公室、有外事审批权的国务院部门颁发因公护照权、护照签证自办权等的审批，不是外部行政管理行为，不是行政许可；而公安机关对公民申请因私出国护照的审批，是外部行政管理行为，是行政许可。

三是，行政许可是行政机关对公民、法人或者其他组织的申请经审查后决定其可以从事有关活动的行为。因此，行政机关采用检验、检测等手段对市场产品的日常监管不是行政许可。

应用

1. 商标注册是不是行政许可？

商标注册不是行政许可。但是，对法律、行政法规规定的必须使用注册

---

* 条文主旨为编者所加，下同。

商标的商品（如烟草制品）的商标注册除外。

2. 预算内投资的审批是不是行政许可？

对由政府直接投资和注入资本金方式投资的审批，不是行政许可。对企业申请以贴息、转贷和补助方式使用政府投资的项目的审批，审批结果不影响投资项目本身能否进行的，不是行政许可。

3. 投资项目的审批与核准是不是行政许可？

对企业投资的重大和限制类投资项目的审批，是行政许可。

4. 国有企业生产计划的审批是否属于行政许可？

部分国有企业，如烟草企业年度生产计划需要相关主管部门的审批。这属于行业管理（上级主管部门因企业的国有控股性质拥有管理权），不属于行政许可事项。

5. 食盐专营许可证的统一印刷，是不是行政许可？

盐业主管机构根据食盐专营办法发放食盐专营许可证的行为，是行政许可。食盐专营许可证由国家有关部门统一印制提供给盐业主管机构使用的行为，不是行政许可。

6. 职业培训持证上岗，是不是行政许可？

根据劳动法的规定，用人单位对职工的培训、考核、发证，不是行政许可。通过劳动部门职业培训获得的资格，应当区分两种情况：一是，获得资格只是对从业人员专业水平的一种客观评定，从业人员以此可以获得更好的竞争地位，对其是否可以从事特定活动没有影响，这种资格的授予不是行政许可；二是，获得资格不只是对从业人员专业水平的一种客观评定，未获得此种资格，从业人员就不能从事特定活动，这种资格的授予是行政许可。

7. 工程验收是不是行政许可？

建设工程在开工前要经过规划、施工、消防等部门的许可。工程完成后，要经过相关部门验收合格后方可投入使用。工程验收是独立于规划、施工等的一项许可，相对于工程是否可以投入使用，它仍然是事前的控制手段，即工程未经验收，不能使用。

8. 认证行为，如无公害食品标志认证，绿色食品标志认证，是不是行政许可？

不是，这类非强制性认证不是行政机关的管理行为，认证合格只是表明认证产品符合规定的质量标准。

9. 企业年度检验是否属于行政许可？

企业年度检验应当是对企业实施监管的一种手段，不是行政许可。《行政许可法》第62条第2款规定："行政机关根据法律、行政法规的规定，对直接关系公共安全、人身健康、生命财产安全的重要设备、设施进行定期检验。对检验合格的，行政机关应当发给相应的证明文件。"根据这一规定，行政机关只能对重要设备、设施进行定期检验，不能利用年检确认企业继续经营的资格，变成二次许可。因此，企业年检应当按照行政许可法的规定予以规范。

配 套

《对〈关于行政许可实施主体清理有关问题的请示〉的复函》五；《关于对〈关于请解释行政许可有关问题的函〉的复函》一、三；《对〈关于行政许可清理工作有关问题的请示及建议〉的复函》2

第三条　【适用范围】行政许可的设定和实施，适用本法。

有关行政机关对其他机关或者对其直接管理的事业单位的人事、财务、外事等事项的审批，不适用本法。

注 解

本条"其他机关"指党的机关、国家其他机关、人民团体等，"机关管理的事业单位"是指教育行政部门直接管理的学校、文化行政部门直接管理的文艺团体、卫生行政部门直接管理的医疗单位等。

第四条　【合法原则】设定和实施行政许可，应当依照法定的权限、范围、条件和程序。

第五条　【公开、公平、公正、非歧视原则】设定和实施行政许可，应当遵循公开、公平、公正、非歧视的原则。

有关行政许可的规定应当公布；未经公布的，不得作为实施行政许可的依据。行政许可的实施和结果，除涉及国家秘密、商业秘密或者个人隐私的外，应当公开。未经申请人同意，行政机关及其工作人员、参与专家评审等的人员不得披露申请人提交的商业秘密、未披露信息或者保密商务信息，法律另有规定或者涉及国家安全、重大社会公共利益的除外；行政机关依法公开申请人前述信息的，允许申请人在合理期限内提出异议。

符合法定条件、标准的，申请人有依法取得行政许可的平等权利，行政机关不得歧视任何人。

【注 解】

实施行政许可的公开包括：(1) 实施行政许可的主体以及统一受理行政许可申请、统一送达行政许可决定的机构名称要公开；(2) 有关行政许可事项、依据、条件、数量、程序、期限的规定以及需要申请人提交的全部材料的目录和申请书示范文本要公开；(3) 行政机关在审查行政许可申请过程中听取利害关系人意见以及举行听证、招标、拍卖、考试、考核、检验、检测、检疫，要公开进行；(4) 行政机关作出的准予行政许可的决定要予以公开，公众有权查阅。

未经申请人同意不得公开的内容：未经申请人同意，行政机关及其工作人员、参与专家评审等的人员不得披露申请人提交的商业秘密、未披露信息或者保密商务信息，法律另有规定或者涉及国家安全、重大社会公共利益的除外；行政机关依法公开申请人前述信息的，允许申请人在合理期限内提出异议。

第六条 【便民原则】 实施行政许可，应当遵循便民的原则，提高办事效率，提供优质服务。

【注 解】

1. 便民原则体现在具体条文中包括以下内容：一是除依法应当由申请人到行政机关办公场所提出行政许可申请的外，申请人可以委托代理人提出行政许可申请。具备条件的，可以通过信函、电报、电传、传真、电子数据交换和电子邮件等方式提出行政许可申请。对行政许可申请还应当尽量做到当场受理、当场决定。申请人提交的材料存在可以当场更正的错误的，行政机关应当允许申请人当场更正，不得以此为由拒绝受理行政许可申请。二是行政机关应当将法律、法规、规章规定的有关行政许可的事项、依据、条件、数量、程序、期限以及需要提交的全部材料的目录和申请书示范文本等在办公场所公示。三是行政机关许可需要行政机关内设多个机构办理的，应当确定一个机构统一受理行政许可申请，统一送达行政许可决定。实行"一个窗口"对外，防止多头受理、多头对外。四是依法应当由地方人民政府两个以上部门分别实施的行政许可，本级人民政府可以确定由一个部门受理行政许可申请并转告有关部门分别提出意见后统一办理，或者组织有关部门联合办理、集中办理。五是省级人民政府经国务院批准，可以将几个行政机关行使的行政许可权相对集中，由一个行政机关行使有关行政机关的行政许可权。

2. 效率原则要求行政机关在行使其职能时，要力争以尽可能短的时间，取得尽可能大的社会、经济效益。具体要求：一是要严格程序、严守时效。行政机关要按照法定的程序和期限履行自己的职责。二是机构设置要精干、职权分工明确。机构臃肿，人浮于事，职权不清，必然导致办事相互推诿、相互扯皮、效率低下。三是注重行政行为的成本。行政机关实施行政行为，要考虑客观规律，事前作必要的可行性研究和一定的成本效益分析，以使相应的决策和行为具有最大可能的合理性，尽可能给国家、社会和行政相对人带来益处和尽可能减少对国家、社会、行政相对人的损害。

第七条　【陈述权、申辩权和救济权】公民、法人或者其他组织对行政机关实施行政许可，享有陈述权、申辩权；有权依法申请行政复议或者提起行政诉讼；其合法权益因行政机关违法实施行政许可受到损害的，有权依法要求赔偿。

注解

1. 本条所指的公民、法人或者其他组织，既包括申请人、被许可人，也包括利害关系人。

2. 陈述权在行政许可的申请过程中，是指申请人有权说明取得许可的理由、依据和事实；与申请的行政许可有利害关系的第三人有权说明不应当批准申请人的许可申请的理由、依据和事实。在对被许可人的处罚过程中，陈述权是指当事人有权对行政机关给予行政处罚所认定的事实及适用法律是否准确、适当，陈述自己对事实的认定以及主观的看法、意见，同时也可以提出自己的主张、要求。

3. 申辩权在行政许可的申请过程中，是指当事人有权对行政机关及第三人提出的不利于申请人获得批准的理由、事实和问题等进行解释、说明、澄清和辩解。在对被许可人的处罚过程中，申辩权是指当事人对行政机关的指控、证据，提出不同的意见和质问，以正当手段驳斥行政机关的指控以及驳斥行政机关提出的不利证据的权利。

4. 在行政许可实施中，当事人行使陈述权和申辩权主要有两种方式：一是通过听证行使。在行政许可的申请过程中，根据启动听证的原因，听证可以分为两种：一种是行政机关主动听证。法律、法规、规章规定实施行政许可应当听证的事项，或者行政机关认为需要听证的其他涉及公共利益的重大行政许可事项，行政机关应当向社会公告，并举行听证。另一种是被动听证。行政许可直接涉及申请人与第三人之间重大利益关系的，行政机关在作出行政许可决定前，应当告知申请人、利害关系人有要求听证的权利；申请人、利害关系人在被告知听证权利之日起 5 日内提出听证申请的，行政机关应当在 20 日内组织听证。二是直接向办理行政许可申请或者实施行政处罚的人员进行陈述、解释和辩解，双方面对面地进行，不需要通过正式的形式。这种形式灵活、便捷，有利于当事人和行政执法人员及时进行沟通、交换意见。

5. 救济权体现在：公民、法人或者其他组织对行政机关实施行政许可，有权依法申请行政复议或者提起行政诉讼；其合法权益因行政机关违法实施行政许可受到损害的，有权依法要求赔偿。

配 套

《行政诉讼法》

第八条 【信赖保护原则】公民、法人或者其他组织依法取得的行政许可受法律保护，行政机关不得擅自改变已经生效的行政许可。

行政许可所依据的法律、法规、规章修改或者废止，或者准予行政许可所依据的客观情况发生重大变化的，为了公共利益的需要，行政机关可以依法变更或者撤回已经生效的行政许可。由此给公民、法人或者其他组织造成财产损失的，行政机关应当依法给予补偿。

注解

信赖保护原则的基本内涵是：(1) 公民、法人或者其他组织依法取得的行政许可应当受到法律保护，除非法律、法规有明确规定的外，行政机关不得撤销或者变更已生效的行政许可。(2) 行政机关和申请人、被许可人都没有过错，而是因客观原因，行政机关为了公共利益的需要，可以依法变更或者撤回已经生效的行政许可。(3) 行政机关依法变更或者撤回已经生效的行政许可造成公民、法人或者其他组织财产损失的，应当依法予以补偿。

应用

10. 小煤矿的关闭、各种营运车辆的取缔是否适用信赖保护原则？

对依法取得采矿许可的小煤矿、依法取得营运许可的车辆，如果行政机关实施行政许可依据的法律、法规、规章或者被许可人取得行政许可所依据的客观情况发生重大变化，为了公共利益的需要，可以依法撤回小煤矿的采矿许可证、车辆的营运证。由此对被许可人造成财产损失的，作出撤回决定的行政机关应当依法给予补偿。

11. 娱乐场所的关闭是否适用信赖保护原则？

对依法取得行政许可的娱乐游艺场所，行政机关不得擅自撤销行政许可。根据公共利益的需要，行政机关依法撤回没有违法行为的被许可人取得的行政许可的，对被许可人因此受到的财产损失应当依法给予补偿。

第九条 【行政许可的转让】依法取得的行政许可，除法律、法规规定依照法定条件和程序可以转让的外，不得转让。

注解

行政许可能否转让，涉及对不同行政许可性质和功能的分析和判断。行政许可可以分为五类：(1) 普通许可。这种行政许可是准予符合法定条件的相对人行使某种权利，如集会游行示威许可、爆炸品生产运输许可、商业银行设立许可等。(2) 特许。这种行政许可是行政机关依法向相对人转让某种特定权力或者配置有限资源。如海域使用许可、排污许可等。(3) 认可。这种行政许可是对相对人是否具备某种资格资质的认定。如法律职业资格、建筑企业的资质等。(4) 核准。这种行政许可是对某些事项或者活动是否达到法定技术标准的核实准许。如消防验收、生猪屠宰检疫等。(5) 登记。这种行政许可是对特定法律关系的确认。如企业登记、事业单位登记等。上述五种行政许可，除了特许外，其余四种行政许可的性质都是准予特定的人从事符合法定条件的活动，主体和对象不可分离。所以，除特许外，多数行政许可是不能转让的。

应用

12. 不得转让行政许可的例外情况有哪些？

（1）以出让方式取得的土地使用许可。城镇国有土地使用权出让和转让暂行条例规定，依照本条例的规定取得土地使用权的土地使用者，其使用权在使用年限内可以转让、出租、抵押或者用于其他经济活动。合法权益受国家法律保护。(2) 矿产资源的采矿许可。矿产资源法规定，探矿权人有权在划定的勘查作业区内进行规定的勘查作业，有权优先取得勘查作业区内矿产资源的采矿权。探矿权人在完成规定的最低勘查投入后，经依法批准，可以将探矿权转让他人。已取得采矿权的矿山企业，因企业合并、分立，与他人合资、合作经营，或者因企业资产出售以及有其他变更企业资产产权的情形而需要变更采矿权主体的，经依法批准可以将采矿权转让给他人。(3) 其他有偿取得的行政许可。如海域使用管理法规定，海域使用权可以依法转让，海域使用权转让的具体办法，由国务院规定，海域使用权可以依法继承。上述许可的一个共同特点是被许可人通过支付一定的价款有偿取得许可，允许这种许可依法转让，有利于优化自然资源和公共资源的配置。

配套

《探矿权采矿权转让管理办法》；《危险废物经营许可证管理办法》第15条

第十条　【行政许可监督】 县级以上人民政府应当建立健全对行政机关实施行政许可的监督制度，加强对行政机关实施行政许可的监督检查。

行政机关应当对公民、法人或者其他组织从事行政许可事项的活动实施有效监督。

第二章 行政许可的设定

第十一条 【**行政许可设定原则**】设定行政许可，应当遵循经济和社会发展规律，有利于发挥公民、法人或者其他组织的积极性、主动性，维护公共利益和社会秩序，促进经济、社会和生态环境协调发展。

应 用

13. 行政许可设定标准是什么？

（一）对企业不使用政府性资金的投资活动，除重大和限制类固定资产投资项目外，不得设定行政许可。

（二）对人员能力水平评价的事项，除提供公共服务并且直接关系公共利益，需要具备特殊信誉、特殊条件或特殊技能的职业，确需设定行政许可的外，不得设定行政许可。

（三）对确需设定企业、个人资质资格的事项，原则上只能设定基础资质资格。

（四）中介服务机构所代理的事项最终需由行政机关或法律、行政法规授权的组织许可的，对该中介服务机构不得设定行政许可。

（五）对产品实施行政许可的，除涉及人身健康、生命财产安全的外，不得对生产该产品的企业设定行政许可。

（六）通过对产品大类设定行政许可能够实现管理目的的，对产品子类不得设定行政许可。确需对产品子类设定行政许可的，实行目录管理。

（七）法律、行政法规或国务院决定规定对需要取得行政许可的产品、活动实施目录管理的，产品、活动目录的制定、调整应当报经国务院批准。

（八）法律草案、行政法规草案拟设定的对生产经营活动的行政许可，凡直接面向基层、量大面广或由地方实施更方便有效的，不得规定国务院部门作为行政许可实施机关。

（九）通过严格执行现有管理手段和措施能够解决的事项，不得设定行政许可。

（十）通过技术标准、管理规范能够有效管理的事项，不得设定行政许可。

（十一）对同一事项，由一个行政机关实施行政许可能够解决的，不得设定由其他行政机关实施的行政许可；对可以由一个行政机关在实施行政许可中征求其他行政机关意见解决的事项，不得设定新的行政许可。

（十二）对同一事项，在一个管理环节设定行政许可能够解决的，不得在多个管理环节分别设定行政许可。

（十三）通过修改现行法律、行政法规有关行政许可的规定能够解决的事项，不得设定新的行政许可。

（十四）现行法律已经规定了具体管理手段和措施，但未设定行政许可的，起草执行性或配套的行政法规草案时，不得设定行政许可。

（十五）行政法规草案为实施法律设定的行政许可作出的具体规定，不得增设行政许可；对行政许可条件作出的具体规定，不得增设违反法律的其他条件。

（十六）国务院部门规章和规范性文件一律不得设定行政许可，不得以备案、登记、年检、监制、认定、认证、审定等形式变相设定行政许可，不得以非行政许可审批为名变相设定行政许可。

除法律、行政法规外，对行政机关实施行政许可以及监督检查被许可人从事行政许可事项的活动，一律不得设定收费；不得借实施行政许可变相收费。

14. 如何对设定的行政许可进行监督？

对已设定的行政许可，要加强跟踪评估、监督管理。

（一）国务院部门要制定本部门负责实施的行政许可目录并向社会公布，目录要列明行政许可项目、依据、实施机关、程序、条件、期限、收费等情况。行政许可项目发生增加、调整、变更等变化的，要及时更新目录。行政许可目录要报中央编办备案。

（二）国务院部门要定期对其负责实施的行政许可实施情况进行评价，并将意见报告该行政许可的设定机关。对没有达到预期效果或不适应经济社会发展要求的行政许可，应当及时提出修改或废止建议。

（三）起草法律、行政法规修订草案，起草单位要对该法律、行政法规设定的行政许可的实施情况进行重点评估，对没有达到预期效果或不适应经济社会发展要求的行政许可，应当提出修改或废止建议。

（四）国务院有关部门要建立制度、畅通渠道，听取公民、法人或其他组织对其负责实施的行政许可提出的意见和建议。

（五）国务院备案审查工作机构要加强对国务院部门规章的备案审查，对设定行政许可、增设行政许可条件，以备案、登记、年检、监制、认定、认证、审定等形式变相设定行政许可，以非行政许可审批名义变相设定行政许可或违法设定行政许可收费的，要按照规定的程序严格处理、坚决纠正。

（六）对违法设定行政许可、增设行政许可条件，违法实施行政许可，以及不依法履行监督职责或监督不力、造成严重后果的，有关机关要依照监察法、行政机关公务员处分条例等法律、行政法规的规定严格追究责任。

第十二条　【行政许可的设定事项】 下列事项可以设定行政许可：

（一）直接涉及国家安全、公共安全、经济宏观调控、生态环境保护以及直接关系人身健康、生命财产安全等特定活动，需要按照法定条件予以批准的事项；

（二）有限自然资源开发利用、公共资源配置以及直接关系公共利益的特定行业的市场准入等，需要赋予特定权利的事项；

（三）提供公众服务并且直接关系公共利益的职业、行业，需要确定具备特殊信誉、特殊条件或者特殊技能等资格、资质的事项；

（四）直接关系公共安全、人身健康、生命财产安全的重要设备、设施、产品、物品，需要按照技术标准、技术规范，通过检验、检测、检疫等方式进行审定的事项；

（五）企业或者其他组织的设立等，需要确定主体资格的事项；

（六）法律、行政法规规定可以设定行政许可的其他事项。

注解

1. 第（一）项为普通许可，主要适用于污染和其他公害的防治、生态环境的保护；金融、保险、证券等涉及高度社会信用的行业的市场准入和经营活动；爆炸性、易燃性、放射性、毒害性、腐蚀性等危险品的生产、储存、运输、使用、销售以及其他涉及公民人身健康、生命财产安全的产品的生产、销售活动；新闻出版、广播电影电视机构的设立和活动；涉及公民人身健康、生命财产安全、公共安全和国家安全的其他事项。主要特征：一是对相对人行使法定权利或者从事法律没有禁止但附有条件的活动的准许，也就是通常所说的禁止的解除；二是一般没有数量限制；三是行政机关实施这些行政许可一般没有自由裁量权，符合条件即应当予以许可。

2. 第（二）项为特许，包括国有土地使用权出让许可、无线电频率配置、海滩使用权出让许可、出租车经营许可、排污许可、公用事业经营许可等。主要特征：一是相对人取得特许权一般要支付一定费用；二是一般有数量限制；三是行政机关实施这类许可一般都有自由裁量权；四是申请人获得这类许可要承担很大的公益义务，如提供普遍服务的义务，不得擅自停止从事活动等。

3. 第（三）项为认可，如法律职业资格、注册会计师资格、建筑企业资质等，主要特征有四个：一是一般都需要通过考试方式并根据考试结果决定是否认可；二是这类许可往往与人的身份、能力有关系；三是没有数量限制，符合标准（包括考试成绩）的都要予以认可；四是行政机关实施这类许可一般没有自由裁量权。

4. 第（四）项为核准，包括消防验收、生猪屠宰检疫、电梯安装运行标准、水库大坝竣工验收等。主要特征：一是依据的主要是技术标准、技术规范，具有很强的专业性、技术性、客观性；二是一般需要根据实地检测、检验、检疫作出规定；三是没有数量限制，凡是符合技术标准、技术规范的，都要予以核准；四是行政机关实施这类许可没有自由裁量权。

5. 第（五）项为登记，包括工商企业登记、社团登记、民办非企业单位登记、合伙企业登记等。主要特征：一是未经合法登记取得特定主体资格或者身份，从事涉及公众关系的经济、社会活动是非法的；二是没有数量限制，凡是符合条件、标准的许可申请都要准予登记；三是对申请材料一般只作形式审查，通常可以当场作出是否准予登记的决定；四是行政机关实施登记没有自由裁量权。

6. 第（六）项的规定主要有三个目的，一是现行法律、行政法规对其他行政许可事项的规定仍然保留、有效；二是以后的法律、行政法规还可以根据实际情况在行政许可法明确规定的上述五类行政许可事项外设定其他行政许可事项；三是地方性法规、地方性规章、国务院决定都不得设定上述五类许可事项以外的行政许可，已经设定的，要予以清理。

应用

15. 大型批发市场（食品、药品、建材等批发市场）重复建设的控制，能否设定行政许可？

大型批发市场（食品、药品、建材等批发市场）重复建设的控制，不应设定行政许可，也不属于公共资源配置。

16. 对现行依据带密级的文件实施的行政许可如何处理？

属于行政许可事项的，均应按照国务院的规定进行清理。清理后确定不再保留的行政许可事项，对设定该行政许可的有关文件予以修改、废止；清理后确定保留的行政许可事项，应当制定法律、行政法规或者由国务院发布决定予以设定。其中，清理后确定应予保留的行政许可事项，如果其依据的法律文件因涉及国家安全等不宜公开的，可以改变管理方式，通过其他行政管理方式实现管理目的。

第十三条 【**不设定行政许可的事项**】本法第十二条所列事项，通过下列方式能够予以规范的，可以不设行政许可：

（一）公民、法人或者其他组织能够自主决定的；

（二）市场竞争机制能够有效调节的；

（三）行业组织或者中介机构能够自律管理的；

（四）行政机关采用事后监督等其他行政管理方式能够解决的。

第十四条 【**法律、行政法规、国务院决定的行政许可设定权**】本法第十二条所列事项，法律可以设定行政许可。尚未制定法律的，行政法规可以设定行政许可。

必要时，国务院可以采用发布决定的方式设定行政许可。实施后，除临时性行政许可事项外，国务院应当及时提请全国人民代表大会及其常务委员会制定法律，或者自行制定行政法规。

注解

国务院决定的行政许可设定权表现在：(1)临时性、紧急的且尚未制定法律、行政法规的事项，国务院还有必要以行政许可方式进行管理；(2)根据WTO规则，国外采取临时性许可措施时，我国可以采取相应措施，如临时配额、临时许可证管理等；(3)有些比较敏感的问题，制定法律、行政法规条件还不成熟，需要国务院决定设定行政许可进行管理；(4)国务院决定已经设定的行政许可，在国务院行政审批制度改革中认为需要保留的；(5)在国有企业改革、促进就业与再就业、社会保险等方面，有一些试点、试验的事项，先是用政策作指导，在局部地区、特定领域实施，积累经验，在制定法律、行政法规前，也需要采取行政许可的方式实施管理。

应用

17.提请国务院发布决定设定行政许可的事项是否应当包括实施机关、条件、程序、期限等内容？

根据行政许可法的规定，设定行政许可应当规定行政许可的实施机关、条件、程序、期限。原则上，提请国务院发布决定设定行政许可，国务院决定中应当包括行政许可的实施机关、条件、程序、期限。部门规章可以对有关条件、程序、期限等作具体规定。

配套

《立法法》第10-16、72条

第十五条 【地方性法规、省级政府规章的行政许可设定权】 本法第十二条所列事项，尚未制定法律、行政法规的，地方性法规可以设定行政许可；尚未制定法律、行政法规和地方性法规的，因行政管理的需要，确需立即实施行政许可的，省、自治区、直辖市人民政府规章可以设定临时性的行政许可。临时性的行政许可实施满一年需要继续实施的，应当提请本级人民代表大会及其常务委员会制定地方性法规。

地方性法规和省、自治区、直辖市人民政府规章，不得设定应当由国家统一确定的公民、法人或者其他组织的资格、资质的行政许可；不得设定企业或者其他组织的设立登记及其前置性行政许可。其设定的行政许可，不得限制其他地区的个人或者企业到本地区从事生产经营和提供服务，不得限制其他地区的商品进入本地区市场。

注 解

1.《行政许可法》第14条、第15条中规定的"尚未制定法律""尚未制定法律、行政法规"以及"尚未制定法律、行政法规和地方性法规"的事项限于行政许可法第12条规定可以设定行政许可的事项。

"尚未制定法律""尚未制定法律、行政法规"以及"尚未制定法律、行政法规和地方性法规"有两种情况：一是，对某一事项是否设定行政许可，上位法立法时没有考虑到这个问题，下位法可以根据实际情况，在不违反行政许可法有关规定的前提下，设定行政许可；二是，对某一事项是否设定行政许可，上位法立法时已经考虑，其立法精神、立法原则要求对该事项不设定行政许可的，则下位法不得设定行政许可。即，如果某一领域或者某一事项制定了法律、行政法规，但法律、行政法规没有设定行政许可的，或者对该领域内某一事项未设定行政许可的，地方性法规不得设定行政许可。

2. 根据本条第1款的规定，对依法可以设定行政许可的事项，法律或者行政法规已设定行政许可的，地方性法规或者规章只能对如何实施该行政许可作出具体规定，不得再设行政许可。

3. 根据《行政许可法》第12条第3项规定的可以设定的资格、资质类行政许可事项的性质和特点，资格、资质类行政许可是对从事"提供公众服务并且直接关系公共利益的职业、行业"的市场主体的最低准入要求，在市场经济条件下，这种准入要求无疑都应当是全国统一的。因此，《行政许可法》第15条第2款规定，地方性法规和省、自治区、直辖市人民政府规章，不得设定应当由国家统一确定的公民、法人或者其他组织的资格、资质的行政许可。也就是说，资格、资质的行政许可都应当由国家统一确定，不存在地方可以设定的资格、资质的行政许可。

应用

18. 国务院部门规章能否设定行政许可?

除省、自治区、直辖市人民政府规章以外的其他地方政府规章以及国务院部门规章都无权设定行政许可。

19. 自治州、自治县的单行条例能否设定行政许可?

根据《行政许可法》第14条、第15条规定,法律可以设定行政许可。尚未制定法律的,行政法规可以设定行政许可。尚未制定法律、行政法规的,地方性法规可以设定行政许可;尚未制定法律、行政法规和地方性法规的,因行政管理的需要,确需立即实施行政许可的,省、自治区、直辖市人民政府规章可以设定临时性的行政许可。第17条规定,除本法第14条、第15条规定的外,其他规范性文件一律不得设定行政许可。根据上述规定,自治州、自治县的单行条例不得设定行政许可。自治州、自治县对行政管理事项确需设定行政许可的,可由地方性法规予以规定。

20. 省级人民政府规章设定的临时性行政许可,实施满一年后需要继续实施的,如何过渡?

省级人民政府规章设定的临时性行政许可,实施满一年后需要继续实施的,应当提请本级人民代表大会及其常务委员会制定地方性法规。为了保证行政管理的连续性,应当在临时期届满前将地方性法规草案提请本级人大及其常委会审议。在地方法规通过前,临时性的行政许可可以继续实施;如果地方性法规未保留该项行政许可,则自地方法规通过之日起,该临时性的行政许可可停止实施。

省级人民代表大会及其常务委员会认为不需要制定地方性法规,或者制定了地方性法规但未设定行政许可的,省级人民政府规章设定的行政许可停止实施。

21. 地方性法规对其设定的行政许可的适用范围没有施加地域限制的,行政许可在什么范围内有效?

地方性法规对其设定的行政许可的适用范围没有施加地域限制的,申请人取得的行政许可在本行政区域内有效。

配套

《立法法》第80-90、93条

第十六条 【行政许可规定权】行政法规可以在法律设定的行政许可事项范围内，对实施该行政许可作出具体规定。

地方性法规可以在法律、行政法规设定的行政许可事项范围内，对实施该行政许可作出具体规定。

规章可以在上位法设定的行政许可事项范围内，对实施该行政许可作出具体规定。

法规、规章对实施上位法设定的行政许可作出的具体规定，不得增设行政许可；对行政许可条件作出的具体规定，不得增设违反上位法的其他条件。

注解

1. 2004年7月1日以后，设定行政许可，应当规定行政许可的实施机关、条件、程序、期限。此前发布的法律、法规，设定了行政许可但未规定行政许可的条件、程序、期限的，规章可以对有关行政许可条件、程序、期限作出规定，修订法律、法规时应当补充有关行政许可条件、程序、期限的规定。

2. 法律、行政法规只授权部门制定有关管理办法、制度的，不能视为法律、行政法规授权部门规章设定行政许可。

3. 规范性文件可以在上位法设定的行政许可事项范围内，对实施该行政许可作出具体规定。但是，规范性文件对实施上位法作出的具体规定，不得增设行政许可；对行政许可条件作出的具体规定，不得增设违反上位法的其他条件。

4. 法律、行政法规设定行政许可所依据的客观情况发生变化，确需增设行政许可的，应当依照法定程序修改法律、行政法规。

应用

22. 法律、行政法规规定由行政机关实施行政许可，规章可否规定由该行政机关内设机构或所属事业单位受理许可申请？

法律、行政法规规定由行政机关实施行政许可，规章可以根据行政许可法的规定，规定由该行政机关内设机构或者所属事业单位以该行政机关名义受理许可申请。

第十七条 【其他规范性文件不得设定行政许可】除本法第十四条、第十五条规定的外,其他规范性文件一律不得设定行政许可。

> 注解

本条所指的其他规范性文件主要包括:全国人大及其常委会、省级人大及其常委会以外的国家权力机关制定的规范性文件,国务院、省级地方人民政府以外的行政机关制定的具有普遍约束力的决定、命令,军事机关、审判机关、检察机关制定的规范性文件,社会团体、行业组织章程等。

> 应用

23. 现行部门规章、规范性文件设立的行政许可确需保留,但一时又难以制定法律、行政法规的,如何处理?

对国务院部门规章、规范性文件设定的行政许可事项,属于《行政许可法》第12条规定的事项并且确需保留的,国务院部门应当提出意见报国务院行政审批制度改革工作领导小组办公室,经审核后确定予以保留的,按照规定程序由国务院发布决定予以设定。

第十八条 【行政许可应当明确规定的事项】设定行政许可,应当规定行政许可的实施机关、条件、程序、期限。

第十九条 【设定行政许可应当听取意见、说明理由】起草法律草案、法规草案和省、自治区、直辖市人民政府规章草案,拟设定行政许可的,起草单位应当采取听证会、论证会等形式听取意见,并向制定机关说明设定该行政许可的必要性、对经济和社会可能产生的影响以及听取和采纳意见的情况。

> 应用

24. 行政许可设定的审查程序是什么?

法律草案、行政法规草案拟设定行政许可的,起草单位和审查机关都要深入调查研究,加强合法性、必要性和合理性审查论证。

(一)起草单位对拟设定的行政许可,应当采取座谈会、论证会、听证会等多种形式,广泛听取有关组织、企业和公民的意见,同时征求国务院相关部门的意见。

（二）起草单位向国务院报送法律草案、行政法规草案送审稿及其说明时，应当附拟设定行政许可的论证材料、各方面对拟设定行政许可的意见和意见采纳情况以及其他国家、地区的相关立法资料。

论证材料应当包括：一是合法性论证材料，重点说明草案拟设定的行政许可符合《行政许可法》和《国务院关于严格控制新设行政许可的通知》规定的理由。二是必要性论证材料，重点说明拟设定行政许可的事项属于直接涉及国家安全、公共安全、生态环境安全和生命财产安全，通过市场机制、行业自律、企业和个人自主决定以及其他管理方式不能有效解决问题，以及拟设定的行政许可是解决现有问题或实现行政管理目的有效手段的理由。三是合理性论证材料，重点评估实施该行政许可对经济社会可能产生的影响，说明实施该行政许可的预期效果。

（三）国务院法制机构应当对法律草案、行政法规草案拟设定的行政许可进行严格审查论证。

对法律草案、行政法规草案拟设定的行政许可，国务院法制机构应当征求中央编办、国务院相关部门以及地方人民政府的意见；将法律草案、行政法规草案通过中国政府法制信息网向社会公开征求意见时，公开征求意见的材料应当就拟设定行政许可的理由作重点说明。

中央编办对起草单位提出的拟设行政许可意见进行审查，对是否确需通过行政许可方式实施管理、是否有其他替代方式、是否符合行政体制改革和职能转变的基本方向、是否符合行政审批制度改革的原则和要求、是否会造成与其他机构的职责交叉等提出审核意见。

经研究论证，认为拟设定的行政许可不符合《行政许可法》和《国务院关于严格控制新设行政许可的通知》的规定或设定理由不充分的，不得设定行政许可。有关情况在法律草案、行政法规草案说明中予以说明，说明与法律草案、行政法规草案一并报国务院审议。

（四）涉及重大公共利益，需要及时实行行政许可管理的，经国务院常务会议讨论通过后采用发布决定的方式设定；国务院可以根据形势变化决定停止实施该项行政许可，确有必要长期实施的，及时提请全国人大及其常委会制定法律，或者制定行政法规。

配套

《立法法》第35、74条;《行政法规制定程序条例》第20-25条;《规章制定程序条例》第15-18条

第二十条 【行政许可评价制度】行政许可的设定机关应当定期对其设定的行政许可进行评价;对已设定的行政许可,认为通过本法第十三条所列方式能够解决的,应当对设定该行政许可的规定及时予以修改或者废止。

行政许可的实施机关可以对已设定的行政许可的实施情况及存在的必要性适时进行评价,并将意见报告该行政许可的设定机关。

公民、法人或者其他组织可以向行政许可的设定机关和实施机关就行政许可的设定和实施提出意见和建议。

第二十一条 【停止实施行政许可】省、自治区、直辖市人民政府对行政法规设定的有关经济事务的行政许可,根据本行政区域经济和社会发展情况,认为通过本法第十三条所列方式能够解决的,报国务院批准后,可以在本行政区域内停止实施该行政许可。

注解

1. 适用本条规定,只有省、自治区、直辖市人民政府可以提出在本行政区域内停止实施行政法规设定的行政许可的建议,并且有严格的限制性条件:一是有关行政许可事项,可以通过行政许可以外的其他方式解决实际问题,在该行政区域内不再具备实施的必要性。地方人民政府必须结合地方经济和社会发展状况,向国务院说明有关行政许可事项确无继续实施的必要。条件具备的地方,才能停止实施行政许可。二是有关行政许可事项,限于行政法规设定的经济事务的行政许可。三是必须报国务院批准。

2. "有关经济事务的行政许可"主要指企业、其他组织从事生产经营活动、提供服务以及相关活动的行政许可。对是否属于经济事务的许可有争议的,应报国务院。

第三章 行政许可的实施机关

第二十二条 【行政许可实施主体的一般规定】行政许可由具有行政许可权的行政机关在其法定职权范围内实施。

应用

25.《社会团体登记管理条例》规定，民政部门为社团登记管理机关。而有些省市已设立社会团体管理局，行使社团登记审批权。能否确认社团管理局的许可实施主体资格？

根据《社会团体登记管理条例》的规定，在地方负责社会团体登记的行政机关是县级以上地方人民政府民政部门。

第二十三条 【法律、法规授权组织实施行政许可】法律、法规授权的具有管理公共事务职能的组织，在法定授权范围内，以自己的名义实施行政许可。被授权的组织适用本法有关行政机关的规定。

注解

1."具有管理公共事务职能的组织"通常是指该组织承担着管理事务的责任，比如，医院、学校、图书馆以及一些公用事业机构等。只承担管理本组织自身事务责任的，不能算作具有管理公共事务职能的组织。

2.行政许可可以由法律、法规授权的具有管理公共事务职能的组织在法定授权范围内实施。没有法律、法规授权，事业单位不得以自己的名义实施行政许可。

配套

《证券法》；《保险法》；《银行业监督管理法》

第二十四条 【委托实施行政许可的主体】行政机关在其法定职权范围内，依照法律、法规、规章的规定，可以委托其他行政机关实施行政许可。委托机关应当将受委托行政机关和受委托实施行政许可的内容予以公告。

委托行政机关对受委托行政机关实施行政许可的行为应当负责监督，并对该行为的后果承担法律责任。

受委托行政机关在委托范围内，以委托行政机关名义实施行政许可；不得再委托其他组织或者个人实施行政许可。

注解

1. 委托实施行政许可具有以下特点：第一，受委托实施行政许可的主体只限于行政机关，其他组织和个人不能接受行政机关的委托实施行政许可。第二，受委托行政机关实施行政许可的权力来源于委托行政机关的委托行为。第三，受委托实施行政许可的行政机关并未因委托行政机关的委托而获得法定的行政许可实施权。第四，受委托实施行政许可的行政机关在具体实施受委托的行政许可时，并不具有行政主体资格，其实施受委托行政许可的行为的法律后果由委托行政机关承担。如森林采伐许可和烟草专卖零售许可等。

2. 委托实施行政许可的规则：一是，委托主体即委托实施行政许可的行政机关，委托其他行政机关实施行政许可应当遵循职权法定的原则，在其法定权限范围内依法委托，其既不能将其无权行使的行政许可实施权委托给其他行政机关，也不能超越其享有的行政许可实施权范围委托其他行政机关实施行政许可。二是，委托实施行政许可的依据是法律、法规和规章（这里的规章，包括部门规章和地方人民政府规章），非依法律、法规、规章的规定，行政机关无权委托其他行政机关实施行政许可。三是，委托行政机关对受委托行政机关实施行政许可的行为应当负责监督，并对实施该行政许可行为的后果承担法律责任。四是，受委托实施行政许可的行政机关不得将行政许可实施权再转委托给其他组织或者个人。五是，委托行政机关应当将受委托行政机关和受委托实施行政许可的内容予以公告。

3. 委托实施行政许可的，委托行政机关应当发布公告。公告应当包括下列内容：一是，委托行政机关的名称、地址、联系方式；二是，受委托实施行政许可的行政机关的名称、地址、联系方式；三是，委托实施的行政许可的具体事项。

【配套】

《烟草专卖法》第16条；《农业部关于委托海区渔政渔港监督管理局办理部分海洋捕捞许可证等问题的通知》

第二十五条 【相对集中行政许可权】经国务院批准，省、自治区、直辖市人民政府根据精简、统一、效能的原则，可以决定一个行政机关行使有关行政机关的行政许可权。

【注解】

"一个行政机关行使有关行政机关的行政许可权"，指由省、自治区、直辖市人民政府确定的一个行政机关集中行使有关行政机关的行政许可权，实际上是行政许可实施权的集中。这与《行政处罚法》规定的相对集中行政处罚权制度的设计初衷、目标和政策考虑基本相同，都是相对集中行政执法权的重要组成部分。

第二十六条 【一个窗口对外、统一办理或者联合办理、集中办理】行政许可需要行政机关内设的多个机构办理的，该行政机关应当确定一个机构统一受理行政许可申请，统一送达行政许可决定。

行政许可依法由地方人民政府两个以上部门分别实施的，本级人民政府可以确定一个部门受理行政许可申请并转告有关部门分别提出意见后统一办理，或者组织有关部门联合办理、集中办理。

【配套】

《卫生行政许可管理办法》第6条

第二十七条 【行政机关及其工作人员的纪律约束】行政机关实施行政许可，不得向申请人提出购买指定商品、接受有偿服务等不正当要求。

行政机关工作人员办理行政许可，不得索取或者收受申请人的财物，不得谋取其他利益。

第二十八条 【授权专业组织实施的指导性规定】对直接关系公共安全、人身健康、生命财产安全的设备、设施、产品、物品的检验、检测、检疫，除法律、行政法规规定由行政机关实施的外，应当逐步由符合法定条件的专业技术组织实施。专业技术组织及其有关人员对所实施的检验、检测、检疫结论承担法律责任。

> **注解**
>
> 对某一事项需要通过检验、检测、检疫的方式决定是否予以行政许可的，只能由法律、行政法规规定的主体实施行政许可；法律、行政法规未规定由事业单位实施检验、检测、检疫的，只能由行政机关实施。

第四章 行政许可的实施程序

第一节 申请与受理

第二十九条 【行政许可申请】公民、法人或者其他组织从事特定活动，依法需要取得行政许可的，应当向行政机关提出申请。申请书需要采用格式文本的，行政机关应当向申请人提供行政许可申请书格式文本。申请书格式文本中不得包含与申请行政许可事项没有直接关系的内容。

申请人可以委托代理人提出行政许可申请。但是，依法应当由申请人到行政机关办公场所提出行政许可申请的除外。

行政许可申请可以通过信函、电报、电传、传真、电子数据交换和电子邮件等方式提出。

> **注解**
>
> 凡法律、法规、规章没有明确规定必须到办公场所提出行政许可申请的，行政机关均不得拒绝接受申请人、委托代理人或者通过邮寄、数据电文

等方式提出行政许可。但是《行政许可法》只对此作了倡导性的规定，没作严格要求。如果申请人以口头方式提出行政许可申请的，行政机关工作人员应当要求申请人以书面方式提出或将其口头申请记录后请其确认。对一些可以当场决定的行政许可事项，行政机关工作人员也可以在行政许可申请人告知有关情况后直接作出是否准予行政许可的决定。

第三十条　【行政机关公示义务】行政机关应当将法律、法规、规章规定的有关行政许可的事项、依据、条件、数量、程序、期限以及需要提交的全部材料的目录和申请书示范文本等在办公场所公示。

申请人要求行政机关对公示内容予以说明、解释的，行政机关应当说明、解释，提供准确、可靠的信息。

第三十一条　【申请人提交真实材料、反映真实情况义务】申请人申请行政许可，应当如实向行政机关提交有关材料和反映真实情况，并对其申请材料实质内容的真实性负责。行政机关不得要求申请人提交与其申请的行政许可事项无关的技术资料和其他材料。

行政机关及其工作人员不得以转让技术作为取得行政许可的条件；不得在实施行政许可的过程中，直接或者间接地要求转让技术。

第三十二条　【行政许可申请的处理】行政机关对申请人提出的行政许可申请，应当根据下列情况分别作出处理：

（一）申请事项依法不需要取得行政许可的，应当即时告知申请人不受理；

（二）申请事项依法不属于本行政机关职权范围的，应当即时作出不予受理的决定，并告知申请人向有关行政机关申请；

（三）申请材料存在可以当场更正的错误的，应当允许申请人当场更正；

（四）申请材料不齐全或者不符合法定形式的，应当当场或者在五日内一次告知申请人需要补正的全部内容，逾期不告知的，自收到申请材料之日起即为受理；

（五）申请事项属于本行政机关职权范围，申请材料齐全、符合法定形式，或者申请人按照本行政机关的要求提交全部补正申请材料的，应当受理行政许可申请。

行政机关受理或者不予受理行政许可申请，应当出具加盖本行政机关专用印章和注明日期的书面凭证。

> **注解**
>
> 在确定是否受理行政许可申请时，行政机关审查下列内容：（1）申请事项是否属本行政机关管辖范围；（2）申请事项是否属于依法需要取得行政许可的事项；（3）申请人是否按照法律、法规和规章的规定提交了符合规定数量、种类的申请材料；（4）申请人提供的行政许可申请材料是否符合规定的格式；（5）其他事项，如申请人是否属于不得提出行政许可申请的人，申请人提供的材料是否有明显的计算错误、文字错误以及其他类似错误等。"可以当场更正的错误"，主要指文字错误、计算错误或者其他类似错误。

第三十三条 【鼓励行政机关发展电子政务实施行政许可】行政机关应当建立和完善有关制度，推行电子政务，在行政机关的网站上公布行政许可事项，方便申请人采取数据电文等方式提出行政许可申请；应当与其他行政机关共享有关行政许可信息，提高办事效率。

> **配套**
>
> 《政府信息公开条例》

第二节 审查与决定

第三十四条 【审查行政许可材料】行政机关应当对申请人提交的申请材料进行审查。

申请人提交的申请材料齐全、符合法定形式，行政机关能够当场作出决定的，应当当场作出书面的行政许可决定。

根据法定条件和程序，需要对申请材料的实质内容进行核实的，行政机关应当指派两名以上工作人员进行核查。

注解

行政机关当场作出行政许可决定，适用于比较简单的行政许可事项、行政机关能够经审查后当场确定申请人是否符合法定条件、能否取得法定行政许可的情形。行政机关当场作出行政许可决定的，也应当按照本条的规定，认真审查申请人是否符合法定条件、申请人提供的材料反映的内容是否真实，在此基础上作出书面的准予行政许可或者不予行政许可的决定。作出不予行政许可决定的，行政机关要按照本法第38条的规定，履行说明理由、告知诉权的义务。

配套

《交通行政许可实施程序规定》第13条；《中国证券监督管理委员会行政许可实施程序规定》第24-26条；《司法行政机关行政许可实施与监督工作规则（试行）》第10、12条

第三十五条　【多层级行政机关实施行政许可的审查程序】 依法应当先经下级行政机关审查后报上级行政机关决定的行政许可，下级行政机关应当在法定期限内将初步审查意见和全部申请材料直接报送上级行政机关。上级行政机关不得要求申请人重复提供申请材料。

第三十六条　【直接关系他人重大利益的行政许可审查程序】 行政机关对行政许可申请进行审查时，发现行政许可事项直接关系他人重大利益的，应当告知该利害关系人。申请人、利害关系人有权进行陈述和申辩。行政机关应当听取申请人、利害关系人的意见。

配套

《交通行政许可实施程序规定》第14条

第三十七条 【行政机关依法作出行政许可决定】行政机关对行政许可申请进行审查后，除当场作出行政许可决定的外，应当在法定期限内按照规定程序作出行政许可决定。

第三十八条 【行政机关许可和不予许可应当履行的义务】申请人的申请符合法定条件、标准的，行政机关应当依法作出准予行政许可的书面决定。

行政机关依法作出不予行政许可的书面决定的，应当说明理由，并告知申请人享有依法申请行政复议或者提起行政诉讼的权利。

▌注解

1. 行政机关说明不予行政许可的理由，不能流于形式，必须做到充分、清晰、完整，说明拒绝行政许可所依据的全部事实与证据。为防止出现申请人因不懂得行使救济权而不能有效维护其合法权益的情形，行政许可的实施机关在作出不予行政许可的决定时，应当告知申请人享有申请行政复议、提起行政诉讼的权利。行政机关应当告知申请人申请行政复议、提起行政诉讼的时间、方式，而不宜简单地以"依法申请行政复议、提起行政诉讼"应付了事。

2. 行政机关依法作出不予行政许可的书面决定的，应当在书面决定中说明理由。

3. 部门规章对行政许可条件作出的规定未超出法律、行政法规的授权范围，或者没有在法律、行政法规规定以外增设其他条件的，部门规章规定的条件可以作为行政许可决定的法定条件。

▌应用

26. 本条规定，申请人的申请符合法定条件、标准的，行政机关应当依法作出准予行政许可的书面决定。法定条件、标准是否包括部门规章中的条件？

根据《行政许可法》第16条的规定，部门规章可以在法律、行政法规设定的行政许可事项范围内，对实施该行政许可作出具体规定。部门规章对行政许可条件作出的规定未超出法律、行政法规的授权范围，或者没有在法律、行政法规规定以外增设其他条件的，部门规章规定的条件可以作为行政许可决定的法定条件。

配套

《卫生行政许可管理办法》第23、24条；《中国证券监督管理委员会行政许可实施程序规定》第30-32条；《建设部机关实施行政许可工作规程》第12-16条；《药品经营许可证管理办法》第8、9条

第三十九条 【颁发行政许可证件】行政机关作出准予行政许可的决定，需要颁发行政许可证件的，应当向申请人颁发加盖本行政机关印章的下列行政许可证件：

（一）许可证、执照或者其他许可证书；

（二）资格证、资质证或者其他合格证书；

（三）行政机关的批准文件或者证明文件；

（四）法律、法规规定的其他行政许可证件。

行政机关实施检验、检测、检疫的，可以在检验、检测、检疫合格的设备、设施、产品、物品上加贴标签或者加盖检验、检测、检疫印章。

注解

实践中，不是所有的行政许可都要发证。按是否颁发许可证件进行划分，可以将行政许可分为颁发证件的行政许可与不颁发证件的行政许可。不颁发行政许可证件的主要有以下几种情况：（1）在行政许可申请书上加注文字，说明准予行政许可的时间、机关及内容，并加盖行政机关印章；（2）与申请人签订合同，如国有土地使用权出让合同；（3）行政机关的不作为依法视为准予行政许可。但此种情形必须有法律的明确规定。此外，从现行法律规定和行政机关的操作看，一般情况下，行政机关准予行政许可申请的，要么只颁发行政许可证件、不送达行政许可决定，要么只送达行政许可决定、不颁发许可证件；拒绝行政许可申请的，只作出决定、不颁发证件，行政机关很少既作出行政许可决定又颁发行政许可证件的。

第四十条 【准予行政许可决定的公开义务】行政机关作出的准予行政许可决定，应当予以公开，公众有权查阅。

> 应用

27. 行政许可查阅权案件的原告资格是?

《最高人民法院关于审理行政许可案件若干问题的规定》（2010年1月4日，法释〔2009〕20号）第2条规定："公民、法人或者其他组织认为行政机关未公开行政许可决定或者未提供行政许可监督检查记录侵犯其合法权益，提起行政诉讼的，人民法院应当依法受理。"

按照《行政许可法》第四十条关于"行政机关作出的准予行政许可决定，应当予以公开，公众有权查阅"的规定和第六十一条关于"行政机关应当建立健全监督制度，通过核查反映被许可人从事行政许可事项活动情况的有关材料，履行监督责任。行政机关依法对被许可人从事行政许可事项的活动进行监督检查时，应当将监督检查的情况和处理结果予以记录，由监督检查人员签字后归档。公众有权查阅行政机关监督检查记录"的规定，公众具有查阅行政许可决定和行政许可监督检查记录的权利，由此带来的问题就是，查阅权诉讼中，提出查阅权的公众是否当然就具有原告主体资格。

理论和实践中主要存在两种不同意见。第一种意见认为，查阅权诉讼的原告范围须分两种情形：一是因查阅行政许可决定和监督检查记录引起的行政诉讼案件，原告范围应为公众成员；二是因查阅档案材料引起的行政诉讼案件的原告范围应当限于利害关系人。第二种意见认为，因查阅权引起的两类诉讼案件中，原告范围均应以利害关系人为限。我们倾向于第二种意见。（参见杨临萍：《行政许可司法解释理解与适用》，中国法制出版社2010年版，第8页。）

第四十一条【行政许可的地域效力】法律、行政法规设定的行政许可，其适用范围没有地域限制的，申请人取得的行政许可在全国范围内有效。

> 注解

1. 法律、行政法规规定的取得有关行政许可的条件、标准应当是全国统一的。只要申请人取得的行政许可的适用范围依法没有地域限制，被许可人在一个地方取得了行政许可，就可以在全国范围内从事被许可的活动，无需在其他地方再次申请同一行政许可或者目的相同的行政许可。例如，一个建筑企业在某地依法登记、取得营业执照后，就可以在全国范围内参加投标、承揽建设工程，无需在其他地方再次申请登记、办理营业执照。但是，如果为了方便生产经营活动，在某地依法设立的企业拟在其他地方设立分支机构或者投资设立独立核算的法人，则应当按照有关法律、行政法规等的规定申请办理登记、领取营业执照。

2. 本条规定，法律、行政法规设定的行政许可，其适用范围没有地域限制的，申请人取得的行政许可在全国范围内有效。据此，一项行政许可如果有地域限制，行政机关作出的准予行政许可决定应当明确规定该行政许可的适用范围。例如，公民、法人或者其他组织申请取水，行政机关作出的准予行政许可决定应当规定取水量和取水地点，被许可人只能在该地点取水。

第三节 期　　限

第四十二条　【行政许可一般期限】除可以当场作出行政许可决定的外，行政机关应当自受理行政许可申请之日起二十日内作出行政许可决定。二十日内不能作出决定的，经本行政机关负责人批准，可以延长十日，并应当将延长期限的理由告知申请人。但是，法律、法规另有规定的，依照其规定。

依照本法第二十六条的规定，行政许可采取统一办理或者联合办理、集中办理的，办理的时间不得超过四十五日；四十五日内不能办结的，经本级人民政府负责人批准，可以延长十五日，并应当将延长期限的理由告知申请人。

第四十三条　【多层级许可的审查期限】依法应当先经下级行政机关审查后报上级行政机关决定的行政许可，下级行政机关应当自其受理行政许可申请之日起二十日内审查完毕。但是，法律、法规另有规定的，依照其规定。

第四十四条　【许可证章颁发期限】行政机关作出准予行政许可的决定，应当自作出决定之日起十日内向申请人颁发、送达行政许可证件，或者加贴标签、加盖检验、检测、检疫印章。

注解

行政机关应当直接向被许可人颁发、送达行政许可证件；申请人指定了代理人的，也可以向代理人送达行政许可证件；直接送达有困难的，可以邮寄送达；受送达人下落不明或者用其他方式无法送达的，还可以公告送达。

第四十五条 【不纳入许可期限的事项】行政机关作出行政许可决定，依法需要听证、招标、拍卖、检验、检测、检疫、鉴定和专家评审的，所需时间不计算在本节规定的期限内。行政机关应当将所需时间书面告知申请人。

注解

行政机关作出行政许可决定，如果依法需要进行咨询评估、评审的，咨询评估、评审所需时间不计算在行政许可期限内，但行政机关应当将所需时间书面告知申请人。

应用

28. 质检所、药检所、农药检验所检验有关产品、物品的时间是否属于第45条规定的不计算在审查期限内的情形？

行政机关实施行政许可，依法需要根据检验、检测、检疫的结果作出行政许可决定的，除应当在检验、检测、检疫后当场作出行政许可决定的外，有关检验、检测、检疫的时间不计算在法定的审查期间内。

第四节 听 证

第四十六条 【行政机关主动举行听证的行政许可事项】法律、法规、规章规定实施行政许可应当听证的事项，或者行政机关认为需要听证的其他涉及公共利益的重大行政许可事项，行政机关应当向社会公告，并举行听证。

注解

听证，是指行政机关在作出影响公民、法人或者其他组织合法权益的决定前,向其告知决定理由和听证权利,公民、法人或者其他组织随之向行政机关表达意见、提供证据、申辩、质证以及行政机关听取意见、接纳证据的程序所构成的一种法律制度。

配套

《水行政许可听证规定》;《环境保护行政许可听证暂行办法》;《海关行政许可听证办法》;《财政机关实施行政许可听证办法》;《建设行政许可听证工作规定》;《农业行政许可听证程序规定》;《交通行政许可实施程序规定》第20、21条;《卫生行政许可管理办法》第29-31条

第四十七条 【行政机关应申请举行听证的行政许可事项】 行政许可直接涉及申请人与他人之间重大利益关系的,行政机关在作出行政许可决定前,应当告知申请人、利害关系人享有要求听证的权利;申请人、利害关系人在被告知听证权利之日起五日内提出听证申请的,行政机关应当在二十日内组织听证。

申请人、利害关系人不承担行政机关组织听证的费用。

注解

下列行政事项应看作是直接涉及申请人与他人之间重大利益关系的行政许可:多人同时竞争的有数量限制的行政许可,给予申请人行政许可将直接影响其相邻权人、竞争对手甚至消费者重大经济利益、重大环境利益的规划许可、建设用地许可等无数量限制的行政许可。

第四十八条 【行政许可听证程序规则】 听证按照下列程序进行:

(一)行政机关应当于举行听证的七日前将举行听证的时间、地点通知申请人、利害关系人,必要时予以公告;

(二)听证应当公开举行;

(三)行政机关应当指定审查该行政许可申请的工作人员以外的人员为听证主持人,申请人、利害关系人认为主持人与该行政许可事项有直接利害关系的,有权申请回避;

(四)举行听证时,审查该行政许可申请的工作人员应当提

供审查意见的证据、理由，申请人、利害关系人可以提出证据，并进行申辩和质证；

（五）听证应当制作笔录，听证笔录应当交听证参加人确认无误后签字或者盖章。

行政机关应当根据听证笔录，作出行政许可决定。

注解

行政机关应当根据听证笔录中认定的事实作出决定。对应当听证的行政许可，行政机关作出准予行政许可、拒绝行政许可的决定，都必须以听证中所展示并经过质证得以认定的、确有证明力的证据作为事实依据，而这些事实依据又都必须是听证记录中所记载的。

应用

29. 听证笔录应当载明哪些内容？采用什么形式作出？

一般的听证笔录应当包括以下内容：（1）听证案件名称；（2）听证主持人的姓名、职称；（3）出席听证会的听证参加人的姓名、住所等；（4）听证的时间、地点；（5）听证程序是否公开进行；（6）行政机关审查行政许可材料后的意见及证据和理由；（7）申请人和利害关系人提出的证据和理由；（8）听证主持人认为重要的其他事项。

听证笔录一般应以书面形式作出，并由听证参加人审阅。听证参加人审阅听证笔录后认为其没有错误的，应签字或者盖章；听证参加人对内容提出异议的，听证主持人应通知其他参加人相关信息，各方认为异议有理由的，应予以补充或者更正；听证参加人对内容提出异议，听证主持人认为异议没有理由的，或者听证参加人拒绝签字、盖章的，听证主持人应当在听证笔录上载明事由。

第五节　变更与延续

第四十九条　【变更行政许可的程序】被许可人要求变更行政许可事项的，应当向作出行政许可决定的行政机关提出申请；符合法定条件、标准的，行政机关应当依法办理变更手续。

应用

30. 某企业取得爆炸物品生产许可证，后想从事爆炸物品销售业务，此时能否提出变更行政许可的申请？

不能，须得重新申请爆炸物品销售许可证。行政许可的变更是指被许可人在取得行政许可后，因其拟从事的活动的部分内容超出准予行政许可决定或者行政许可证件规定的活动范围，而由行政机关对原行政许可准予其从事的活动的相应内容予以改变。如股份有限公司在注册后增发股票增加注册资本，就需要对原告的公司营业执照中有关注册资本的内容予以变更。如果申请人拟从事的活动，属于依法应取得另一行政许可的，公民、法人或者其他组织应当重新申请行政许可，而不能变更行政许可。

31. 申请人应何时提出变更行政许可的申请？

变更许可是对被许可人已经取得的行政许可的内容进行变更，因此，申请人应当在其取得的行政许可失效前提出申请。

32. 变更行政许可事项的审查期限应为多长？

本条对此未作明确规定。对行政机关审查被许可人变更行政许可申请的期限，单行法律、法规有规定的，按照单行法律、法规的规定办理；单行法律、法规没有规定的，适用行政机关对初次行政许可申请审查期限的规定。

第五十条 【延续行政许可的程序】被许可人需要延续依法取得的行政许可的有效期的，应当在该行政许可有效期届满三十日前向作出行政许可决定的行政机关提出申请。但是，法律、法规、规章另有规定的，依照其规定。

行政机关应当根据被许可人的申请，在该行政许可有效期届满前作出是否准予延续的决定；逾期未作决定的，视为准予延续。

第六节 特别规定

第五十一条 【本节和本章其他规定适用规则】实施行政许可的程序，本节有规定的，适用本节规定；本节没有规定的，适用本章其他有关规定。

第五十二条 【国务院实施行政许可程序】国务院实施行政许可的程序，适用有关法律、行政法规的规定。

第五十三条 【通过招标拍卖作出行政许可决定】实施本法第十二条第二项所列事项的行政许可的，行政机关应当通过招标、拍卖等公平竞争的方式作出决定。但是，法律、行政法规另有规定的，依照其规定。

行政机关通过招标、拍卖等方式作出行政许可决定的具体程序，依照有关法律、行政法规的规定。

行政机关按照招标、拍卖程序确定中标人、买受人后，应当作出准予行政许可的决定，并依法向中标人、买受人颁发行政许可证件。

行政机关违反本条规定，不采用招标、拍卖方式，或者违反招标、拍卖程序，损害申请人合法权益的，申请人可以依法申请行政复议或者提起行政诉讼。

注解

1. 招标，这里指行政机关发布招标公告，邀请特定或者不特定的公民、法人或者其他组织参加有限自然资源开发利用、公共资源配置、直接关系公共利益的特定行业的市场准入等行政许可的投标，行政机关根据投标结果作出决定的行为。

2. 拍卖，这里指行政许可机关以公开竞价的方式，将有关行政许可权授予公民、法人和其他组织中的最高应价者的行为。

3. 根据本条的规定，行政机关通过招标、拍卖作出行政许可决定的具体方式，依照有关法律、行政法规的规定办理。这里的法律、行政法规包括招标投标法、拍卖法的有关规定。如果法律、行政法规对行政机关采取招标、拍卖等方式作出行政许可决定的程序有规定的，应当适用有关规定；如果其他法律、行政法规没有作出规定的，可以参照招标投标法和拍卖法的原则和规定进行。

第五十四条 【通过考试考核方式作出行政许可决定】实施本法第十二条第三项所列事项的行政许可，赋予公民特定资格，依法应当举行国家考试的，行政机关根据考试成绩和其他法定条件作出行政许可决定；赋予法人或者其他组织特定的资格、资质的，行政机关根据申请人的专业人员构成、技术条件、经营业绩和管理水平等的考核结果作出行政许可决定。但是，法律、行政法规另有规定的，依照其规定。

公民特定资格的考试依法由行政机关或者行业组织实施，公开举行。行政机关或者行业组织应当事先公布资格考试的报名条件、报考办法、考试科目以及考试大纲。但是，不得组织强制性的资格考试的考前培训，不得指定教材或者其他助考材料。

第五十五条 【根据技术标准、技术规范作出行政许可决定】实施本法第十二条第四项所列事项的行政许可的，应当按照技术标准、技术规范依法进行检验、检测、检疫，行政机关根据检验、检测、检疫的结果作出行政许可决定。

行政机关实施检验、检测、检疫，应当自受理申请之日起五日内指派两名以上工作人员按照技术标准、技术规范进行检验、检测、检疫。不需要对检验、检测、检疫结果作进一步技术分析即可认定设备、设施、产品、物品是否符合技术标准、技术规范的，行政机关应当当场作出行政许可决定。

行政机关根据检验、检测、检疫结果，作出不予行政许可决定的，应当书面说明不予行政许可所依据的技术标准、技术规范。

注解

与其他行政许可相比，本条所指的行政许可客观性较强，行政机关没有自由裁量权。此外，本条的工作人员指行政机关工作人员，不包括行政机关委托的技术专家等非行政机关在编人员。

第五十六条 【当场许可的特别规定】实施本法第十二条第五项所列事项的行政许可，申请人提交的申请材料齐全、符合法定形式的，行政机关应当当场予以登记。需要对申请材料的实质内容进行核实的，行政机关依照本法第三十四条第三款的规定办理。

　　第五十七条 【有数量限制的行政许可】有数量限制的行政许可，两个或者两个以上申请人的申请均符合法定条件、标准的，行政机关应当根据受理行政许可申请的先后顺序作出准予行政许可的决定。但是，法律、行政法规另有规定的，依照其规定。

注解

　　1. 有数量限制的行政许可，是指由于客观条件的限制，行政机关在一个地区、一段时间内，对于申请人从事某种活动只能发放一定数量的行政许可。如果许可证申请人取得该项许可后限额即满，那么其他的申请人就不能再申请此项许可，如排污证、电台许可证和出口配额等。我国每年的出口产品有配额限制，出口企业除取得出口产品许可证外，还需获得有关部门确定的出口配额。而是否给予某企业配额，除考虑申请企业的条件外，还要看是否有足够的配额。有数量限制的行政许可，多涉及对有限自然资源的开发利用、公共资源的配置以及直接关系公共利益的特定行业的市场准入等赋予特定权利的事项，行政许可机关对此有较大自由裁量的余地。

　　2. 对于这些有数量限制的许可作出决定时，可以采取以下方式：一是择优原则，由申请人公平竞争，条件最优的获得许可；二是照顾原则，由于行政许可是授益性的行政行为，申请人获得许可后，在从事特定活动过程中可以获得经济利益。在特殊情况下，行政机关可依据法律、法规的规定，对于少数民族、经济欠发达地区的申请人或者残疾人等弱势群体予以扶持，在同等条件下，将数量有限的许可颁发给他们。对于遵循择优原则和照顾原则作出行政许可决定的，应当有法律或者行政法规的依据。

第五章　行政许可的费用

　　第五十八条 【收费原则和经费保障】行政机关实施行政许

可和对行政许可事项进行监督检查，不得收取任何费用。但是，法律、行政法规另有规定的，依照其规定。

行政机关提供行政许可申请书格式文本，不得收费。

行政机关实施行政许可所需经费应当列入本行政机关的预算，由本级财政予以保障，按照批准的预算予以核拨。

【应用】

33. 对哪些行政许可事项是可以收费的？

通常，对《行政许可法》第12条第2项中规定的对有限自然资源开发利用、公共资源配置以及直接关系公共利益的特定行业的市场准入等赋予特定权利的行政许可事项，即所谓的特许事项，是可以收费的，如自然资源补偿费、有限公共资源使用费等。但这些收费同样需要由法律、行政法规来设定。我国现行法律中设定的与行政许可有关的收费大致有以下几类：一是，排污费类，有超标排污费、危险废物排污费、倾倒费等；二是，资源补偿费类，包括特许权使用费、临时使用土地补偿费、土地使用权出让费等；三是，检验费类，包括卫生检疫费、检查费、进口药物检验费、检验鉴定费等；四是，工本费类，包括证照工本费等；五是，手续费类，如申请手续费等。

一般来说，国家提供普遍的公共行政服务，是不应当收取费用的，如警察维护社会秩序、交通秩序，国家提供义务教育服务等。因为公民通过纳税，支出了有关费用。但是，国家对特定的个人或组织提供的服务，需要交纳有关费用。因为这种服务只有一部分人享受，不能因一部分人的支出摊到每个公民的人头上。所以，法律、行政法规对于少数人申请的行政许可事项可以作出收费的规定。

【配套】

《国务院法制办公室对〈关于清理行政许可收费若干问题的函〉的复函》；《国家发展改革委、财政部关于清理行政机关和事业单位有关收费的通知》；《财政部关于严格按照行政许可法审批管理行政许可收费的通知》

第五十九条 【**收费规则以及对收费所得款项的处理**】行政机关实施行政许可，依照法律、行政法规收取费用的，应当按照公布的法定项目和标准收费；所收取的费用必须全部上缴国库，任何机关或者个人不得以任何形式截留、挪用、私分或者变相私分。财政部门不得以任何形式向行政机关返还或者变相返还实施行政许可所收取的费用。

注解

  1. 按国家规定程序批准的行政事业性收费，要公开收费项目、范围、标准，建立健全收费许可证、收费票据和年度审验、票据稽查制度。收费单位必须到计划（物价）部门办理收费许可证，坚持持证收费，接受社会和群众监督；必须使用由省、自治区、直辖市以上财政部门统一制发的收费票据或监制的专用票据。没有收费许可证、没有使用规定票据的，任何单位或个人都可以拒绝交费。任何组织和个人都有权向财政、计划（物价）部门检举违反国家规定的收费行为。

  2. 行政事业性收费和罚没收入实行"收支两条线"管理，实行"单位开票、银行代收、财政统管"的管理体制，所有行政事业性收费收入都应当及时、足额缴入国库或预算外资金财政专户。

第六章 监督检查

  第六十条 【行政许可层级监督】上级行政机关应当加强对下级行政机关实施行政许可的监督检查，及时纠正行政许可实施中的违法行为。

  第六十一条 【书面检查原则】行政机关应当建立健全监督制度，通过核查反映被许可人从事行政许可事项活动情况的有关材料，履行监督责任。

  行政机关依法对被许可人从事行政许可事项的活动进行监督检查时，应当将监督检查的情况和处理结果予以记录，由监督检查人员签字后归档。公众有权查阅行政机关监督检查记录。

  行政机关应当创造条件，实现与被许可人、其他有关行政机关的计算机档案系统互联，核查被许可人从事行政许可事项活动情况。

第六十二条 【抽样检查、检验、检测和实地检查、定期检验权适用的情形及程序】行政机关可以对被许可人生产经营的产品依法进行抽样检查、检验、检测，对其生产经营场所依法进行实地检查。检查时，行政机关可以依法查阅或者要求被许可人报送有关材料；被许可人应当如实提供有关情况和材料。

行政机关根据法律、行政法规的规定，对直接关系公共安全、人身健康、生命财产安全的重要设备、设施进行定期检验。对检验合格的，行政机关应当发给相应的证明文件。

> **注解**

1. 需要强调的是，本条一方面规定行政机关可以采取抽样检查、检验、检测和实地检查等方式对被许可人从事被许可事项的活动进行监督检查；另一方面，本条规定实际上也是对行政机关进行实地检查等方式的限制，只有在必要的情况下，行政机关才能依法采取实地检查等方式。

2. 定期检验（包括年检）是行政机关对被许可人是否依法从事有关行政许可事项活动的监督检查手段，不是行政许可。在实施年检中，要防止把年检转为或者变相转为行政许可。

对过去实践中名为"年检"实为"许可"的管理手段（比如规定未申请年检或者未通过年检，当事人就不能从事相关活动），要按照《行政许可法》有关行政许可的规定进行规范。

2004年7月1日《行政许可法》正式施行后，行政机关实施定期检验（包括年检）必须有法律、行政法规的规定，且定期检验（包括年检）的对象限于直接关系公共安全、人身健康、生命财产安全的重要设备、设施。

第六十三条 【行政机关实施监督检查时应当遵守的纪律】行政机关实施监督检查，不得妨碍被许可人正常的生产经营活动，不得索取或者收受被许可人的财物，不得谋取其他利益。

> **注解**

行政机关实施监督检查时，完全可能通过抽取被许可人市场销售的产品、物品实现，而不必进入企业生产经营场所抽取产品、物品，妨碍企业的生产经营活动；能够一次监督检查就能发现问题、认定被许可人是否依法从事行政许可事项活动的，行政机关不宜重复检查。

第六十四条 【行政许可监督检查的属地管辖与协作】被许可人在作出行政许可决定的行政机关管辖区域外违法从事行政许可事项活动的，违法行为发生地的行政机关应当依法将被许可人的违法事实、处理结果抄告作出行政许可决定的行政机关。

注解

本条实际上规定了行政许可的属地管辖原则：被许可人违法从事行政许可事项活动的，由违法行为发生地行政机关进行核实并依法作出处理。但违法行为发生地的行政机关应当依法将被许可人的违法事实、处理结果抄告作出行政许可决定的行政机关。

第六十五条 【个人、组织对违法从事行政许可活动的监督】个人和组织发现违法从事行政许可事项的活动，有权向行政机关举报，行政机关应当及时核实、处理。

第六十六条 【行政机关监督被许可人依法履行开发利用有限自然资源、公共资源义务】被许可人未依法履行开发利用自然资源义务或者未依法履行利用公共资源义务的，行政机关应当责令限期改正；被许可人在规定期限内不改正的，行政机关应当依照有关法律、行政法规的规定予以处理。

第六十七条 【行政机关监督取得直接关系公共利益的特定行业市场准入行政许可的被许可人履行义务】取得直接关系公共利益的特定行业的市场准入行政许可的被许可人，应当按照国家规定的服务标准、资费标准和行政机关依法规定的条件，向用户提供安全、方便、稳定和价格合理的服务，并履行普遍服务的义务；未经作出行政许可决定的行政机关批准，不得擅自停业、歇业。

被许可人不履行前款规定的义务的，行政机关应当责令限期改正，或者依法采取有效措施督促其履行义务。

注 解

直接关系公共利益的特定行业，就是通常所称的自然垄断行业，如铁路交通、民航、电信、邮政、电力以及城市供水、供气等行业。对于这类行业，国家一般都对其服务标准、价格、服务质量及普遍服务的义务等作出了相应的规定；这些行业的被许可人不得擅自停业、歇业，因特殊原因需要停业、歇业的，也必须报经原作出许可决定的行政机关批准，并有相应的替代其履行公共服务职能的方案。

第六十八条 【行政机关督促重要设备、设施的设计、建造、安装和使用单位建立自检制度并对监督检查中发现的安全隐患及时采取措施】 对直接关系公共安全、人身健康、生命财产安全的重要设备、设施，行政机关应当督促设计、建造、安装和使用单位建立相应的自检制度。

行政机关在监督检查时，发现直接关系公共安全、人身健康、生命财产安全的重要设备、设施存在安全隐患的，应当责令停止建造、安装和使用，并责令设计、建造、安装和使用单位立即改正。

第六十九条 【撤销行政许可的情形】 有下列情形之一的，作出行政许可决定的行政机关或者其上级行政机关，根据利害关系人的请求或者依据职权，可以撤销行政许可：

（一）行政机关工作人员滥用职权、玩忽职守作出准予行政许可决定的；

（二）超越法定职权作出准予行政许可决定的；

（三）违反法定程序作出准予行政许可决定的；

（四）对不具备申请资格或者不符合法定条件的申请人准予行政许可的；

（五）依法可以撤销行政许可的其他情形。

被许可人以欺骗、贿赂等不正当手段取得行政许可的，应当予以撤销。

依照前两款的规定撤销行政许可，可能对公共利益造成重大损害的，不予撤销。

依照本条第一款的规定撤销行政许可，被许可人的合法权益受到损害的，行政机关应当依法给予赔偿。依照本条第二款的规定撤销行政许可的，被许可人基于行政许可取得的利益不受保护。

▍注 解

申请人是否符合法定条件，其认定依据也只能是法律、法规和符合法律规定的规章，行政机关在无法定授权的情况下自行规定的条件不能用来作为认定申请人是否应当取得行政许可的条件。行政机关需要慎重行使撤销权，必须权衡各种利益后作出合理的决定：撤销行政许可可能对公共利益造成重大危害的，不予撤销；撤销行政许可维护的公共利益明显小于维持行政许可决定保护的被许可人的利益及维护社会关系稳定所体现的利益的，不予撤销；只有当撤销行政许可保护的公共利益明显大于维持行政许可体现的利益时，行政机关才可以撤销行政许可。

▍配 套

《撤回、撤销、注销、吊销行政许可的适用规则》

第七十条 【注销行政许可的情形】有下列情形之一的，行政机关应当依法办理有关行政许可的注销手续：

（一）行政许可有效期届满未延续的；

（二）赋予公民特定资格的行政许可，该公民死亡或者丧失行为能力的；

（三）法人或者其他组织依法终止的；

（四）行政许可依法被撤销、撤回，或者行政许可证件依法被吊销的；

（五）因不可抗力导致行政许可事项无法实施的；

（六）法律、法规规定的应当注销行政许可的其他情形。

注解

1. 行政许可的注销，指基于特定事实的出现，而由行政机关依据法定程序收回行政许可证件或者公告行政许可失去效力。注销的前提是出现了使行政许可失去效力的特定事实。行政机关注销行政许可，应当作出书面决定，告知申请人注销的理由、依据。

2. 根据法不溯及既往的原则，《行政许可法》有关撤回行政许可的规定，不适用于《行政许可法》实施前作出的行政行为。根据《行政许可法》的规定，撤回行政许可的适用前提是相对人已经取得的行政许可合法，而且撤回许可必须是为了公共利益的需要。适用情形包括：（1）行政许可依据的法律、法规、规章修改或者废止；（2）行政许可依据的客观情况发生重大变化。撤回行政许可对公民、法人或者其他组织造成财产损失的，作出撤回行政许可决定的行政机关应当依法予以补偿。

配套

《撤回、撤销、注销、吊销行政许可的适用规则》

第七章 法律责任

第七十一条 【规范性文件违法设定行政许可的法律责任】 违反本法第十七条规定设定的行政许可，有关机关应当责令设定该行政许可的机关改正，或者依法予以撤销。

第七十二条 【行政机关及其工作人员违反行政许可程序应当承担的法律责任】 行政机关及其工作人员违反本法的规定，有下列情形之一的，由其上级行政机关或者监察机关责令改正；情节严重的，对直接负责的主管人员和其他直接责任人员依法给予行政处分：

（一）对符合法定条件的行政许可申请不予受理的；

（二）不在办公场所公示依法应当公示的材料的；

（三）在受理、审查、决定行政许可过程中，未向申请人、利害关系人履行法定告知义务的；

（四）申请人提交的申请材料不齐全、不符合法定形式，不一次告知申请人必须补正的全部内容的；

（五）违法披露申请人提交的商业秘密、未披露信息或者保密商务信息的；

（六）以转让技术作为取得行政许可的条件，或者在实施行政许可的过程中直接或者间接地要求转让技术的；

（七）未依法说明不受理行政许可申请或者不予行政许可的理由的；

（八）依法应当举行听证而不举行听证的。

第七十三条 【行政机关工作人员索取或者收受他人财物及利益应当承担的法律责任】 行政机关工作人员办理行政许可、实施监督检查，索取或者收受他人财物或者谋取其他利益，构成犯罪的，依法追究刑事责任；尚不构成犯罪的，依法给予行政处分。

第七十四条 【行政机关及其工作人员实体违法的法律责任】 行政机关实施行政许可，有下列情形之一的，由其上级行政机关或者监察机关责令改正，对直接负责的主管人员和其他直接责任人员依法给予行政处分；构成犯罪的，依法追究刑事责任：

（一）对不符合法定条件的申请人准予行政许可或者超越法定职权作出准予行政许可决定的；

（二）对符合法定条件的申请人不予行政许可或者不在法定期限内作出准予行政许可决定的；

（三）依法应当根据招标、拍卖结果或者考试成绩择优作出准予行政许可决定，未经招标、拍卖或者考试，或者不根据招标、拍卖结果或者考试成绩择优作出准予行政许可决定的。

第七十五条 【行政机关及其工作人员违反收费规定的法律责任】 行政机关实施行政许可，擅自收费或者不按照法定项目和标准收费的，由其上级行政机关或者监察机关责令退还非法收取的费用；对直接负责的主管人员和其他直接责任人员依法给予行政处分。

截留、挪用、私分或者变相私分实施行政许可依法收取的费用的，予以追缴；对直接负责的主管人员和其他直接责任人员依法给予行政处分；构成犯罪的，依法追究刑事责任。

第七十六条　【行政机关违法实施许可的赔偿责任】行政机关违法实施行政许可，给当事人的合法权益造成损害的，应当依照国家赔偿法的规定给予赔偿。

第七十七条　【行政机关不依法履行监督责任或者监督不力的法律责任】行政机关不依法履行监督职责或者监督不力，造成严重后果的，由其上级行政机关或者监察机关责令改正，对直接负责的主管人员和其他直接责任人员依法给予行政处分；构成犯罪的，依法追究刑事责任。

第七十八条　【申请人申请不实应承担的法律责任】行政许可申请人隐瞒有关情况或者提供虚假材料申请行政许可的，行政机关不予受理或者不予行政许可，并给予警告；行政许可申请属于直接关系公共安全、人身健康、生命财产安全事项的，申请人在一年内不得再次申请该行政许可。

第七十九条　【申请人以欺骗、贿赂等不正当手段取得行政许可应当承担的法律责任】被许可人以欺骗、贿赂等不正当手段取得行政许可的，行政机关应当依法给予行政处罚；取得的行政许可属于直接关系公共安全、人身健康、生命财产安全事项的，申请人在三年内不得再次申请该行政许可；构成犯罪的，依法追究刑事责任。

第八十条　【被许可人违法从事行政许可活动的法律责任】被许可人有下列行为之一的，行政机关应当依法给予行政处罚；构成犯罪的，依法追究刑事责任：

（一）涂改、倒卖、出租、出借行政许可证件，或者以其他形式非法转让行政许可的；

（二）超越行政许可范围进行活动的；

（三）向负责监督检查的行政机关隐瞒有关情况、提供虚假材料或者拒绝提供反映其活动情况的真实材料的；

（四）法律、法规、规章规定的其他违法行为。

第八十一条　【公民、法人或者其他组织未经行政许可从事应当取得行政许可活动的法律责任】公民、法人或者其他组织未经行政许可，擅自从事依法应当取得行政许可的活动的，行政机关应当依法采取措施予以制止，并依法给予行政处罚；构成犯罪的，依法追究刑事责任。

第八章　附　　则

第八十二条　【行政许可的期限计算】本法规定的行政机关实施行政许可的期限以工作日计算，不含法定节假日。

第八十三条　【施行日期及对现行行政许可进行清理的规定】本法自2004年7月1日起施行。

本法施行前有关行政许可的规定，制定机关应当依照本法规定予以清理；不符合本法规定的，自本法施行之日起停止执行。

配 套 法 规

国务院关于严格控制新设行政许可的通知

(2013年9月19日 国发〔2013〕39号)

严格行政许可设定,是深化行政审批制度改革、推进政府职能转变的必然要求。为贯彻落实党的十八大有关深化行政审批制度改革的精神和十二届全国人大一次会议审议通过的《国务院机构改革和职能转变方案》,严格控制新设行政许可,切实防止行政许可事项边减边增、明减暗增,现就有关问题通知如下:

一、严格行政许可设定标准

行政许可,是行政机关根据公民、法人或其他组织的申请,经依法审查,准予其从事特定活动的行为,是各级行政机关在依法管理经济社会事务过程中对公民、法人或其他组织的活动实行事前控制的一种手段。设定行政许可,对人民群众生产、生活影响很大,必须从严控制。今后起草法律草案、行政法规草案一般不新设行政许可,确需新设的,必须严格遵守行政许可法的规定,严格设定标准。

(一)对企业不使用政府性资金的投资活动,除重大和限制类固定资产投资项目外,不得设定行政许可。

(二)对人员能力水平评价的事项,除提供公共服务并且直接关系公共利益,需要具备特殊信誉、特殊条件或特殊技能的职业,确需设定行政许可的外,不得设定行政许可。

(三)对确需设定企业、个人资质资格的事项,原则上只能设定基础资质资格。

（四）中介服务机构所代理的事项最终需由行政机关或法律、行政法规授权的组织许可的，对该中介服务机构不得设定行政许可。

（五）对产品实施行政许可的，除涉及人身健康、生命财产安全的外，不得对生产该产品的企业设定行政许可。

（六）通过对产品大类设定行政许可能够实现管理目的的，对产品子类不得设定行政许可。确需对产品子类设定行政许可的，实行目录管理。

（七）法律、行政法规或国务院决定规定对需要取得行政许可的产品、活动实施目录管理的，产品、活动目录的制定、调整应当报经国务院批准。

（八）法律草案、行政法规草案拟设定的对生产经营活动的行政许可，凡直接面向基层、量大面广或由地方实施更方便有效的，不得规定国务院部门作为行政许可实施机关。

（九）通过严格执行现有管理手段和措施能够解决的事项，不得设定行政许可。

（十）通过技术标准、管理规范能够有效管理的事项，不得设定行政许可。

（十一）对同一事项，由一个行政机关实施行政许可能够解决的，不得设定由其他行政机关实施的行政许可；对可以由一个行政机关在实施行政许可中征求其他行政机关意见解决的事项，不得设定新的行政许可。

（十二）对同一事项，在一个管理环节设定行政许可能够解决的，不得在多个管理环节分别设定行政许可。

（十三）通过修改现行法律、行政法规有关行政许可的规定能够解决的事项，不得设定新的行政许可。

（十四）现行法律已经规定了具体管理手段和措施，但未设定行政许可的，起草执行性或配套的行政法规草案时，不得设定行政许可。

（十五）行政法规草案为实施法律设定的行政许可作出的具体规定，不得增设行政许可；对行政许可条件作出的具体规定，不得增设违反法律的其他条件。

（十六）国务院部门规章和规范性文件一律不得设定行政许可，不得以备案、登记、年检、监制、认定、认证、审定等形式变相设定行政许可，不得以非行政许可审批为名变相设定行政许可。

除法律、行政法规外，对行政机关实施行政许可以及监督检查被许可人从事行政许可事项的活动，一律不得设定收费；不得借实施行政许可变相收费。

二、规范行政许可设定审查程序

法律草案、行政法规草案拟设定行政许可的，起草单位和审查机关都要深入调查研究，加强合法性、必要性和合理性审查论证。

（一）起草单位对拟设定的行政许可，应当采取座谈会、论证会、听证会等多种形式，广泛听取有关组织、企业和公民的意见，同时征求国务院相关部门的意见。

（二）起草单位向国务院报送法律草案、行政法规草案送审稿及其说明时，应当附拟设定行政许可的论证材料、各方面对拟设定行政许可的意见和意见采纳情况以及其他国家、地区的相关立法资料。

论证材料应当包括：一是合法性论证材料，重点说明草案拟设定的行政许可符合行政许可法和本通知规定的理由。二是必要性论证材料，重点说明拟设定行政许可的事项属于直接涉及国家安全、公共安全、生态环境安全和生命财产安全，通过市场机制、行业自律、企业和个人自主决定以及其他管理方式不能有效解决问题，以及拟设定的行政许可是解决现有问题或实现行政管理目的有效手段的理由。三是合理性论证材料，重点评估实施该行政许可对经济社会可能产生的影响，说明实施该行政许可的预期效果。

（三）国务院法制办应当对法律草案、行政法规草案拟设定的行政许可进行严格审查论证。

对法律草案、行政法规草案拟设定的行政许可，国务院法制办应当征求中央编办、国务院相关部门以及地方人民政府的意见；将法律草案、行政法规草案通过中国政府法制信息网向社会公开征求意见时，公开征求意见的材料应当就拟设定行政许可的理由作重点说明。

中央编办对起草单位提出的拟设行政许可意见进行审查，对是否确需通过行政许可方式实施管理、是否有其他替代方式、是否符合行政体制改革和职能转变的基本方向、是否符合行政审批制度改革的原则和要求、是否会造成与其他机构的职责交叉等提出审核意见。

经研究论证，认为拟设定的行政许可不符合行政许可法和本通知的规定或设定理由不充分的，不得设定行政许可。有关情况在法律草案、行政法规草案说明中予以说明，说明与法律草案、行政法规草案一并报国务院审议。

（四）涉及重大公共利益，需要及时实行行政许可管理的，经国务院常务会议讨论通过后采用发布决定的方式设定；国务院可以根据形势变化决定停止实施该项行政许可，确有必要长期实施的，及时提请全国人大及其常委会制定法律，或者制定行政法规。

三、加强对设定行政许可的监督

对已设定的行政许可，要加强跟踪评估、监督管理。

（一）国务院部门要制定本部门负责实施的行政许可目录并向社会公布，目录要列明行政许可项目、依据、实施机关、程序、条件、期限、收费等情况。行政许可项目发生增加、调整、变更等变化的，要及时更新目录。行政许可目录要报中央编办备案。

（二）国务院部门要定期对其负责实施的行政许可实施情况进行评价，并将意见报告该行政许可的设定机关。对没有达到预期效果或不适应经济社会发展要求的行政许可，应当及时提出修改或废止建议。

（三）起草法律、行政法规修订草案，起草单位要对该法律、行政法规设定的行政许可的实施情况进行重点评估，对没有达到预期效果或不适应经济社会发展要求的行政许可，应当提出修改或废止建议。

（四）国务院有关部门要建立制度、畅通渠道，听取公民、法人或其他组织对其负责实施的行政许可提出的意见和建议。

（五）国务院法制办要加强对国务院部门规章的备案审查，对设定行政许可、增设行政许可条件，以备案、登记、年检、监制、认定、认证、审定等形式变相设定行政许可，以非行政许可审批名义变相设定行政许可或违法设定行政许可收费的，要按照规定的程序严格处理、坚决纠正。

（六）对违法设定行政许可、增设行政许可条件，违法实施行政许可，以及不依法履行监督职责或监督不力、造成严重后果的，有关机关要依照行政监察法、行政机关公务员处分条例等法律、行政法规的规定严格追究责任。

地方人民政府要根据本通知的规定，结合各地实际，提出并执行严格控制新设行政许可的具体措施。地方人民政府、国务院各部门要按照行政许可法和本通知的规定，对规章和规范性文件进行一次全面清理，对违法设定行政许可、增设行政许可条件，以备案、登记、年检、监制、认定、认证、审定等形式变相设定行政许可，以非行政许可审批名义变相设定行政许可，以及违法设定行政许可收费或借实施行政许可变相收费的，要坚决纠正。各省级人民政府、国务院各部门应当于2013年12月底前将清理结果报中央编办。国务院将于2014年适时组织开展一次贯彻本通知情况的督促检查。

国务院关于贯彻实施《中华人民共和国行政许可法》的通知

(2003年9月28日 国发〔2003〕23号)

《中华人民共和国行政许可法》(以下简称行政许可法)已于2003年8月27日经十届全国人大常委会第四次会议通过,将于2004年7月1日起施行。这是我国社会主义民主与法制建设的一件大事。行政许可法的公布施行,对于保护公民、法人和其他组织的合法权益,深化行政审批制度改革,推进行政管理体制改革,从源头上预防和治理腐败,保障和监督行政机关有效实施行政管理,都有重要意义。保证行政许可法全面、正确地实施,并以此促进各级人民政府和政府各部门严格依法行政,是各级行政机关的一项重要职责。地方各级人民政府、国务院各部门对行政许可法的实施要高度重视,切实做好相关工作。为此,特通知如下:

一、从实践"三个代表"重要思想、全面推进依法行政的高度充分认识行政许可法的重要意义,认真学习、准确理解、严格执行行政许可法。行政许可法是继国家赔偿法、行政处罚法、行政复议法之后又一部规范政府共同行为的重要法律。其所确立的行政许可设定制度、相对集中行政许可权制度、行政许可的统一办理制度、行政许可实施程序制度、行政机关对被许可人的监督检查制度、实施行政许可的责任制度等等,都是对现行行政许可制度的规范和重大改革,对进一步转变政府职能、改革行政管理方式和推进依法行政,都将产生深远影响。各级行政机关工作人员特别是领导干部,要从实践"三个代表"重要思想的高度,认真学习贯彻这部法律。地方各级人民政府和政府各部门都要对学习、宣传、贯彻行政许可法作出具体部署,狠抓落实。要广泛利用各种舆论宣传工具宣传这部法律，让人民群众了解这部法律。要按照学用结合的原则，进一步加强对实施行政许可人员的培训，使其准确理解和熟练掌握行政许可法的规定。县级以上各级人民政府和政府各部门的法制工作机构要在本级政府或者本部门的统一领导下，具体组织好本地区、本部门的学习、宣传、培训工作。

二、抓紧做好有关行政许可规定的清理工作。根据行政许可法的规定，现行不少有关行政许可的规定都要依照行政许可法予以修改或者废止。各地区、各部门要抓紧清理现行有关行政许可的规定，对与行政许可法规定不一致的，要及时予以修改或者废止；对确需制定法律、法规的，要抓紧依法上升为法律、法规；国务院各部门对因行政管理需要必须实施行政许可又一时不能制定行政法规的，应当报国务院发布决定；省、自治区、直辖市人民政府根据本行政区域经济和社会发展情况，需要在本行政区域内停止实施行政法规设定的有关经济事务的行政许可的，应当及时提出意见，报国务院批准。各地区、各部门法制工作机构负责行政许可规定的清理工作，清理工作要在2004年7月1日前全部完成，并向社会公布清理结果。凡与行政许可法不一致的有关行政许可的规定，自行政许可法施行之日起一律停止执行。

三、依法清理行政许可的实施机关，加强队伍建设。根据行政许可法的规定，行政许可原则上只能由行政机关实施，非行政机关的组织未经法律、法规授权，不得行使行政许可权；没有法律、法规或者规章的明确规定，行政机关不得委托其他行政机关实施行政许可；行政机关实施行政许可，应当确定一个机构统一受理行政许可申请、统一送达行政许可决定。各地区、各部门要严格依照行政许可法的规定，抓紧清理现行各类实施行政许可的机构，凡是行政机关内设机构以自己名义实施行政许可的，或者法律、法规以外的其他规范性文件授权组织实施行政许可的，或者没有法律、法规、规章依据行政机关自行委托实施行政许可的，都要予以纠正。对清理后确定保留的行政许可实施机关或者组织的名单，应当向社会公布。各地区、各部门要以贯彻实施行政许可法为契机，把建设高效、廉洁的行政执法队伍作为提高依法行政水平的重要工作来抓，切实抓出成效。要通过采取加强法制教育、职业教育，规范工作程序，完善责任制度等各种有效措施，提高实施行政许可人员的素质，不断增强其工作责任心和依法办事的自觉性。

四、改革实施行政许可的体制和机制。行政许可法规定的实施行政许可的主体制度和程序制度，其中许多是对现行行政许可制度的重大改革和创新。各级人民政府和政府各部门都要严格执行这些制度，并结合实际，建立健全有关制度，改革行政管理方式，提高办事效率。各省、自治区、直辖市人民政府可以结合本地区实际提出相对集中行政许可权的意见，报国务院批准后施行。对由地方人民政府两个以上部门依法分别实施行政许可的，本级人民政府应当结合实际、积极探索，尽量实行统一办理、联合办理、集中办理。国务院有关部门要积极支持地方人民政府相对集中行政许可权，支持统一办理、联合办理、集中办理行政许可。要认真执行听证制度，依法确定听证的具体范围，明确主持听证的人员，制定听证规则；要完善有关听取利害关系人意见的程序制度，便于申请人、利害关系人陈述和申辩。各地区、各部门要认真执行有关通过招标、拍卖等公平竞争方式作出行政许可决定的规定，能够招标、拍卖的，都要进行招标、拍卖。

五、加强对行政许可的监督工作。行政许可法强化了对行政机关实施行政许可的监督制度，并对行政机关及其工作人员实施行政许可、监督检查及其责任作了明确规定。各地区、各部门要采取有效措施，将这些规定落到实处。要建立健全有关行政许可的规范性文件、重大行政许可决定的备案制度以及公民、法人和其他组织对违法和不当的行政许可决定的申诉、检举制度和行政许可统计制度等，及时发现、纠正违法实施行政许可的行为。

县级以上地方人民政府要切实加强对实施行政许可的监督检查。要把是否依法设定行政许可、是否依法受理行政许可申请、是否依法审查并作出行政许可决定、是否依法收取费用、是否依法履行监督职责等情况作为重点内容进行检查，发现违法实施行政许可的，要坚决予以纠正；应当追究法律责任的，要依法追究有关责任人员的法律责任。县级以上地方人民政府及其部门要确定机构，具体组织、承担对行政机关实施行政许可的监督检查工作。

六、为实施行政许可的正常工作提供必要的保障。根据行政许可法的规定，行政机关实施行政许可所需经费应当列入本行政机关的预算。本级财政部门要给予经费保障，防止将行政机关的预算经费与实施行政许可收取费用挂钩。要坚决杜绝出现行政机关通过实施行政许可违法收取费用以解决办公经费、人员福利等问题。行政机关实施行政许可违法收取费用，或者不执行"收支两条线"规定，截留、挪用、私分或者变相私分实施行政许可收取的费用的，要依法严肃处理，首先要追究直接责任人和负责人的责任。

七、以贯彻实施行政许可法为契机，加强政府法制建设，全面推进依法行政。党的十六大提出，"加强对执法活动的监督，推进依法行政"，这对政府法制工作提出了新的更高要求。各级政府和政府各部门都要充分认识做好新时期政府法制工作的重要性，把加强政府法制建设、全面推进依法行政摆到政府工作的重要位置，列入重要议程。当前，要通过实施行政许可法，进一步加强政府立法工作、执法工作和执法监督工作，切实提高行政机关依法行政的能力和水平。

贯彻实施行政许可法，需要清理完善行政许可有关制度，规范行政机关行政许可行为，强化对实施行政许可的监督。这些工作的法律性、专业性很强，需要有一个熟悉法律和行政管理又相对比较超脱的机构具体办理。政府和政府部门的法制工作机构在这方面负有重要责任。县级以上地方人民政府和政府各部门都要适应全面推进依法行政的要求，采取切实有效的措施，进一步解决法制工作机构在机构、人员、经费方面的困难，充分发挥其协助本级政府或者本部门领导办理法制事项的参谋、助手作用。法制工作机构也要加强自身的组织建设和业务建设，提高自身的素质，积极履行好政府和部门领导在依法行政方面的法律顾问的职责。

各地区、各部门接到本通知后，要结合本地区、本部门的实际情况，认真研究、落实。对行政许可法实施中的有关重要情况和问题，请及时报告国务院。

最高人民法院关于审理行政许可案件若干问题的规定

（2009年11月9日最高人民法院审判委员会第1476次会议通过 2009年12月14日最高人民法院公告公布 自2010年1月4日起施行 法释〔2009〕20号）

为规范行政许可案件的审理，根据《中华人民共和国行政许可法》（以下简称行政许可法）、《中华人民共和国行政诉讼法》及其他有关法律规定，结合行政审判实际，对有关问题作如下规定：

第一条 公民、法人或者其他组织认为行政机关作出的行政许可决定以及相应的不作为，或者行政机关就行政许可的变更、延续、撤回、注销、撤销等事项作出的有关具体行政行为及其相应的不作为侵犯其合法权益，提起行政诉讼的，人民法院应当依法受理。

第二条 公民、法人或者其他组织认为行政机关未公开行政许可决定或者未提供行政许可监督检查记录侵犯其合法权益，提起行政诉讼的，人民法院应当依法受理。

第三条 公民、法人或者其他组织仅就行政许可过程中的告知补正申请材料、听证等通知行为提起行政诉讼的，人民法院不予受理，但导致许可程序对上述主体事实上终止的除外。

第四条 当事人不服行政许可决定提起诉讼的，以作出行政许可决定的机关为被告；行政许可依法须经上级行政机关批准，当事人对批准或者不批准行为不服一并提起诉讼的，以上级行政机关为共同被告；行政许可依法须经下级行政机关或者管理公共事务的组织初步审查并上报，当事人对不予初步审查或者不予上报不服提起诉讼的，以下级行政机关或者管理公共事务的组织为被告。

第五条 行政机关依据行政许可法第二十六条第二款规定统一办理行政许可的，当事人对行政许可行为不服提起诉讼，以对当事人作出具有实质影响的不利行为的机关为被告。

第六条 行政机关受理行政许可申请后，在法定期限内不予答复，公民、法人或者其他组织向人民法院起诉的，人民法院应当依法受理。

前款"法定期限"自行政许可申请受理之日起计算；以数据电文方式受理的，自数据电文进入行政机关指定的特定系统之日起计算；数据电文需要确认收讫的，自申请人收到行政机关的收讫确认之日起计算。

第七条 作为被诉行政许可行为基础的其他行政决定或者文书存在以下情形之一的，人民法院不予认可：

（一）明显缺乏事实根据；

（二）明显缺乏法律依据；

（三）超越职权；

（四）其他重大明显违法情形。

第八条 被告不提供或者无正当理由逾期提供证据的，与被诉行政许可行为有利害关系的第三人可以向人民法院提供；第三人对无法提供的证据，可以申请人民法院调取；人民法院在当事人无争议，但涉及国家利益、公共利益或者他人合法权益的情况下，也可以依职权调取证据。

第三人提供或者人民法院调取的证据能够证明行政许可行为合法的，人民法院应当判决驳回原告的诉讼请求。

第九条 人民法院审理行政许可案件，应当以申请人提出行政许可申请后实施的新的法律规范为依据；行政机关在旧的法律规范实施期间，无正当理由拖延审查行政许可申请至新的法律规范实施，适用新的法律规范不利于申请人的，以旧的法律规范为依据。

第十条 被诉准予行政许可决定违反当时的法律规范但符合新的法律规范的，判决确认该决定违法；准予行政许可决定不损害公共利益和利害关系人合法权益的，判决驳回原告的诉讼请求。

第十一条 人民法院审理不予行政许可决定案件，认为原告请求准予许可的理由成立，且被告没有裁量余地的，可以在判决理由写明，并判决撤销不予许可决定，责令被告重新作出决定。

第十二条 被告无正当理由拒绝原告查阅行政许可决定及有关档案材料或者监督检查记录的，人民法院可以判决被告在法定或者合理期限内准予原告查阅。

第十三条 被告在实施行政许可过程中，与他人恶意串通共同违法侵犯原告合法权益的，应当承担连带赔偿责任；被告与他人违法侵犯原告合法权益的，应当根据其违法行为在损害发生过程和结果中所起作用等因素，确定被告的行政赔偿责任；被告已经依照法定程序履行审慎合理的审查职责，因他人行为导致行政许可决定违法的，不承担赔偿责任。

在行政许可案件中，当事人请求一并解决有关民事赔偿问题的，人民法院可以合并审理。

第十四条 行政机关依据行政许可法第八条第二款规定变更或者撤回已经生效的行政许可，公民、法人或者其他组织仅主张行政补偿的，应当先向行政机关提出申请；行政机关在法定期限或者合理期限内不予答复或者对行政机关作出的补偿决定不服的，可以依法提起行政诉讼。

第十五条 法律、法规、规章或者规范性文件对变更或者撤回行政许可的补偿标准未作规定的，一般在实际损失范围内确定补偿数额；行政许可属于行政许可法第十二条第（二）项规定情形的，一般按照实际投入的损失确定补偿数额。

第十六条 行政许可补偿案件的调解，参照最高人民法院《关于审理行政赔偿案件若干问题的规定》的有关规定办理。

第十七条 最高人民法院以前所作的司法解释凡与本规定不一致的，按本规定执行。

国务院法制办公室对《关于提请解释〈中华人民共和国行政许可法〉有关适用问题的函》的复函

（2004年8月2日 国法函〔2004〕293号）

新闻出版总署：

你署关于提请解释《中华人民共和国行政许可法》有关适用问题的函（新出法规〔2004〕759号）收悉。经研究，现答复如下，供参考：

一、公民、法人或者其他组织具体向哪个行政部门申请行政许可，应当根据特定的行政许可事项、设定该行政许可的法律、行政法规和其他有关规定确定。

二、法律、行政法规规定的取得有关行政许可的条件、标准应当是全国统一的。只要申请人取得的行政许可的适用范围依法没有地域限制，被许可人在一个地方取得了行政许可，就可以在全国范围内从事被许可的活动，无需在其他地方再次申请同一行政许可或者目的相同的行政许可。例如，一个建筑企业在某地依法登记、取得营业执照后，就可以在全国范围内参加投标、承揽建设工程，无需在其他地方再次申请登记、办理营业执照。但是，如果为了方便生产经营活动，在某地依法设立的企业拟在其他地方设立分支机构或者投资设立独立核算的法人，则应当按照有关法律、行政法规等的规定申请办理登记、领取营业执照。

三、行政许可法第四十一条规定，法律、行政法规设定的行政许可，其适用范围没有地域限制的，申请人取得的行政许可在全国范围内有效。据此，一项行政许可如果有地域限制，行政机关作出的准予行政许可决定应当明确规定该行政许可的适用范围。例如，公民、法人或者其他组织申请取水，行政机关作出的准予行政许可决定应当规定取水量和取水地点，被许可人只能在该地点取水。

四、根据行政许可法第十五条第一款的规定，对依法可以设定行政许可的事项，法律或者行政法规已设定行政许可的，地方性法规或者规章只能对如何实施该行政许可作出具体规定，不得再设行政许可。

五、地方性法规对其设定的行政许可的适用范围没有施加地域限制的，申请人取得的行政许可在本行政区域内有效。

六、根据行政许可法第六十四条的规定，被许可人在作出行政许可决定的行政机关管辖区域外违法从事行政许可事项活动的，违法行为发生地的行政机关应当依法查处，并将被许可人的违法事实、处理结果抄告作出行政许可决定的行政机关。

七、行政许可法实施前制定的法律、行政法规设定行政许可，有的没有规定行政许可的条件。为了实施有关行政许可，规章对行政许可的条件作出的具体规定，根据《国务院对确需保留的行政审批项目设定行政许可的决定》（国务院第412号令）的有关规定，不属于行政许可法第十六条第四款规定的"增设违反上位法的其他条件"。七月一日行政许可法施行后制定或者修改有关法律、行政法规时，应当按照行政许可法第十八条的要求，对行政许可的条件作出明确规定。

附：新闻出版总署关于提请解释《中华人民共和国行政许可法》有关适用问题的函（略）

关于贯彻行政审批制度改革的五项原则需要把握的几个问题

(2001年12月11日 国审改发〔2001〕1号发布)

为了保证行政审批制度改革健康有序地进行，使各地方、各部门正确有效地贯彻《关于行政审批制度改革工作的实施意见》（以下简称《实施意见》）确定的五项原则，需要理解和把握好以下几个问题：

一、关于行政审批的基本含义和改革要达到的总体要求

《实施意见》所称行政审批，是指行政审批机关（包括有行政审批权的其他组织）根据自然人、法人或者其他组织依法提出的申请，经依法审查，准予其从事特定活动、认可其资格资质、确认特定民事关系或者特定民事权利能力和行为能力的行为。

目前，行政审批的形式多样、名称不一，有审批、核准、批准、审核、同意、注册、许可、认证、登记、鉴证等。只要自然人、法人或者其他组织等相对人实施某一行为、确认特定民事关系或者取得某种资格资质及特定民事权利能力和行为能力，必须经过行政机关同意的，都属于《实施意见》所要求清理和处理的行政审批项目范围。因此，在清理行政审批项目时，不能只注意其名称和形式，而应当把握其"必须经过行政审批机关同意"这一实质，才能保证不重项、不漏项。

行政审批是行政审批机关作为行政主体对相对人实施的具体行政行为，因此，行政机关对其内部有关人事、财务、外事等事项的审批、决定不属于《实施意见》所要求清理和处理的行政审批项目范围。

《实施意见》所称行政审批制度，包括行政审批的设定权限、设定范围、实施机关、实施程序、监督和审批责任等内容。行政审批制度改革既要减少不必要的审批项目，还应调整行政审批的权限、减少环节、规范程序、提高效率、强化服务、加强监管、明确责任，建立结构合理、配置科学、程序严密、制约有效的与社会主义市场经济体制相适应的行政审批制度。

二、关于执行行政审批制度改革原则的具体标准

（一）关于合法原则

《实施意见》中行政审批制度改革的合法原则，是指行政审批权的设定和实施必须依据法律、法规、规章和根据国务院决定、命令或者要求制定的国务院部门文件，并不得与其相抵触。

1. 设定行政审批的法律文件，必须符合我国立法体制的要求，遵循法制统一原则。即设定行政审批的法律文件必须符合法定权限和程序，下位法不得与上位法的规定及其精神相抵触。

（1）法律对某一事项只是作出原则的管理规定（如加强管理、监督、指导、负责、检查等，下同），但没有设定行政审批，行政法规自行设定的行政审批事项，应当予以取消；

（2）法律、行政法规对某一事项只是作出原则的管理规定，但没有设定行政审批，国务院部门规章、地方性法规或者地方政府规章自行设定的行政审批事项，应当予以取消，地方性法规设定属于地方性事务的审批除外；

（3）法律、行政法规、地方性法规对某一事项只是作出原则的管理规定，但没有设定行政审批，地方政府规章自行设定的行政审批事项，应当予以取消；

（4）法律、行政法规、地方性法规及省、自治区政府规章对某一事项只是作出原则的管理规定，但没有设定行政审批，较大的市的政府规章自行设定的行政审批事项，应当予以取消；

（5）同一审批事项有多个依据并且相互不一致的，如果审批依据属于同一效力层次的法律文件，则以新的规定为准；属于不同效力层次的，以上位法为准；法律文件之间的效力关系不明确的；适

用《立法法》的规定。

2. 设定和实施行政审批，必须符合依法行政的要求。

（1）法律、法规和国务院的决定可以设定行政审批，规章在法定的权限范围内可以设定行政审批。

（2）我国参加或认可的国际公约、国际条约或国际惯例，只有通过立法程序转化为国内法律、法规、规章或者其他规范性文件，才能在国内适用，因而未经转化不得作为行政审批的依据，相应的行政审批项目应当予以取消。

（3）设定行政审批的法律、法规、规章或其他规范性文件，必须是公开并经法定程序制定、通过的。

（4）根据国务院的决定、命令或者要求发布的国务院部门文件可以设定行政审批。除此之外，其他部门文件及部门内设司（局）文件、地方各级人民政府及其所属各部门文件和其内设机构文件设定的行政审批事项，应当予以取消。

没有规范性文件依据，仅仅根据领导的讲话、批示、指示等设定的行政审批事项，应当予以取消。

如果该项行政审批必不可少，则应当通过法定程序，制定相应的规范性文件。

（二）关于合理原则

《实施意见》中行政审批制度改革的合理原则，是指在市场经济条件下，设定和实施行政审批必须有利于社会主义市场经济发展和社会全面进步，有利于政府实施有效管理。

1. 行政审批作为履行政府职能的手段之一，其适用主要限于以下范围：

（1）土地、矿藏、水流、海域、森林、山岭、草原、荒地、滩涂等自然资源的开发利用；

（2）无线电频率、公共运输线路等有限公共资源的配置；

（3）从事可能产生污染、损害生态环境或者产生其他公害的活动；

（4）电力、铁路、民航、通信、公用事业等直接关系公共利益的行业中垄断性企业的市场准入和法定经营活动；

（5）银行、保险、证券等涉及高度社会信用的行业的市场准入和法定经营活动；

（6）利用财政资金或者由政府担保的外国政府、国际组织贷款的投资项目和涉及调整产业布局、优化结构等实现宏观调控目标的投资项目；

（7）新闻出版、广播电影电视、教育、文化等从业机构的设立和活动；

（8）为公众提供服务、直接关系公共利益并且要求具备特殊信誉、特殊条件或者特殊技能的自然人、法人或者其他组织的资格、资质；

（9）法人或者其他组织的设立、变更、终止；

（10）确认婚姻、收养等特定民事关系的事项；

（11）易燃性、爆炸性、放射性、毒害性、腐蚀性等危险品的生产、储存、运输、使用、销售等活动；

（12）直接关系人身健康、生命财产安全的产品、物品的生产、经营等活动；

（13）直接关系公共安全的重要设备、设施的设计、建造、安装和使用；

（14）直接关系公共安全、公共利益、国家安全或者法律、行政法规规定的其他事项。

对于以上所列事项，凡是通过市场能够解决的，应当由市场去解决；通过市场难以解决，但通过中介组织、行业自律能够解决的，应当通过中介组织、行业自律去解决；即使是市场机制、中介组织、行业自律解决不了，需要政府加以管理的，也要首先考虑通过除审批之外的其他监管措施来解决。只有在这些手段和措施都解决不了时，才能考虑通过行政审批去解决。

2. 当前我国在行政审批方面存在一些突出问题，主要是对市场主体资格的前置性审批太多、太滥，手续繁杂，市场准入门槛过高；

政企不分，干涉企业经营自主权的行政审批大量存在，这些行政审批成本高、效率低，妨碍市场开放和公平竞争，不利于增强市场经济的生机和活力；在土地使用权出让、建设工程承包、政府采购和产权交易等过程中，经常因行政审批而产生不廉洁行为甚至腐败问题。因此，对于此类行政审批事项，要坚决予以取消：

（1）设立公司、其他企业和个体工商户，除法律、行政法规或者国务院决定规定的前置性审批外，公司、其他企业和个体工商户在开业或者设立登记前办理的行政审批事项，应当予以取消；

（2）除法律、行政法规或者国务院决定规定需要审批的建设项目以及使用财政资金、外国政府和国际组织贷款投资的项目外，对企业的投资等经营活动设定的行政审批事项，应当予以取消；

（3）有关经营性土地使用权出让、建设工程承包、政府采购和产权交易，除法律、行政法规和国务院决定另有规定的外，必须采取拍卖、公开招标投标等市场运作方式，相应的行政审批应当予以取消。

（三）关于效能原则

《实施意见》中行政审批制度改革的效能原则，是指行政审批作为行政管理的手段之一，应当以较小的行政资源的投入实现最佳的政府工作目标。要努力改进审批方式，积极推行电子政务，运用信息、网络等现代技术手段，提高管理水平和效率。

1. 行政审批事项在符合合法、合理原则的同时，要与新的"三定"方案规定的部门职能相一致，职能已经取消或者划出的，该部门相应的行政审批事项应当取消或者划出。职能增加或者划入的，通过市场、中介组织、行业自律、加强监管等手段能够解决的事项，不得设定或者保留行政审批。本级政府应当创造条件，打破部门界限，将分散在政府各职能部门的审批事项相对集中；同级人民政府两个以上的部门行政审批职能交叉或者重复的，应当由职能最直接的部门审批，该部门应主动与相关部门沟通协商，共同研究决定后办理。

2. 实施行政审批，应当简化程序、减少环节，方便群众，强化服务。一项审批无论涉及部门内部几个内设机构，都应当由一个内设机构代表本部门统一对外，并按照规定程序办理，坚决避免多头、重复审批。

3. 对依法需要同级人民政府两个以上的部门分别审批的，应当由本级政府确定一个主办部门，会同其他有关部门共同研究决定后办理；或者组织有关部门通过联合办公、集中办公的形式作出决定。

4. 能够且已经由较低层级行政机关实施行政审批的，上级行政机关不应审批；必须由上级行政机关审批的，除法律、法规另有规定的外，下级行政机关进行的审核应当取消。

5. 行政审批机关实施行政审批，要规定合理的时限；办理行政审批事项要提高工作效率，不得超过规定时限。

（四）关于责任原则

《实施意见》中行政审批制度改革的责任原则，是指行政审批机关不履行、不正确履行对许可对象的监管职责或者违法审批等行为所应当承担的法律责任。

1. 设定行政审批，必须在赋予行政审批机关该项行政审批权时，相应规定其对许可对象的监管义务。如果未赋予该行政审批机关相应的义务，或者该行政审批机关不能履行该义务，则不能设定该项行政审批。

2. 实施行政审批，要积极履行对许可对象的监管职责，对许可对象是否真正享有相关的权利、是否在取得行政许可时确定的范围内活动进行有效的监管。许可对象有伪造材料骗取许可、超越许可范围活动、拒不接受行政审批机关监管等行为的，行政审批机关应当依据有关规定责令其限期改正或者中止、变更、收回、撤销该项许可，并依法给予行政处罚。

3. 行政审批机关应当建立行之有效的监管制度。对技术性较强的审批事项，应当制定审批技术规定；对保留的审批事项，法律、法规、规章和其他规范性文件有明确监管措施的，要按规定执行；没有明确规定监管措施的，应当制定并严格落实监管措施。

4. 行政审批机关应当建立审批责任追究制度，明确审批的责任部门和责任人。对行政审批机关不履行监管义务、监管不力、对审批对象违法行为不予查处的，要依照有关规定，给予负有责任的主管人员和其他直接责任人员相应的纪律处分。

5. 行政审批机关违法审批，甚至滥用行政审批权、徇私舞弊、以行政审批权为本部门及个人谋取私利的，要依照有关规定，追究负有责任的主管人员和其他直接责任人员相应的法律责任。

（五）关于监督原则

《实施意见》中行政审批制度改革的监督原则，是指通过法律手段，对行政审批机关行使行政审批权进行监督制约，保证合法、合理、公正地行使行政审批权，维护自然人、法人和其他组织的合法权益。

1. 设定和实施行政审批，应当坚持公平、公正的原则。设定行政审批标准和条件，办理具体审批事项，不得因自然人、法人和其他组织所在行政区域、行业、所有制等不同而增设歧视性条件，应当维护国家整体利益和人民根本利益，做到公平、公正、合理，发挥行政审批的应有功能。

2. 设定和实施行政审批要贯彻公开原则。除法律、行政法规另有规定外，应当公布行政审批的内容、对象、条件、程序、时限。行政审批结果一律公开。

3. 行政审批机关应当保证自然人、法人和其他组织依法行使对行政审批的监督权。相对人对行政审批提出异议的，该行政审批机关必须作出书面说明，并告知相对人有申请行政复议和提起行政诉讼的权利；相对人对行政审批机关工作人员的违纪违法行为进行举报、投诉的，行政审批机关应当依法及时核实、处理，并将处理结果以适当方式及时回复举报人、投诉人。

三、关于全面理解、完整地贯彻行政审批制度改革的原则

为了使行政审批制度改革落到实处，完善社会主义市场经济体制，适应加入WTO进程，履行我国政府对外承诺，切实转变政府职能，调整、规范部门权力，从源头上预防和治理腐败，正确理解和把握行政审批制度改革的原则至关重要。行政审批制度改革的原则是决定具体行政审批项目存留的重要依据，也是保证行政审批制度改革工作顺利进行，达到总体要求的关键。

行政审批制度改革的每一项原则都有其特定的内涵，各地区、各部门一定要全面理解，正确执行。在其相互关系上，合法、合理、效能、责任、监督这五项原则是一个有机整体，互相补充，缺一不可。在掌握和适用这五项原则时，不能割裂，不得片面强调其中一项或者几项而不完整地执行。特别是在把握合法原则和合理原则的关系时，应当注意二者的有机统一，即使是符合合法原则的行政审批事项，如果不符合合理原则，该项行政审批也应当通过法定程序予以取消；虽然符合合理原则，但不符合合法原则，则应当通过相应的法定程序，制定规范性的法律文件予以设定。对于符合合理与合法原则要求的行政审批项目，要按照效能、责任和监督原则的要求进行规范和运作。

推进行政审批制度改革，最重要的是要结合改革和发展的实际，勇于开拓创新。要将行政审批制度改革与其他改革紧密结合起来，并把这一改革融入整个改革发展稳定的大环境中去认识和把握。要自觉地把思想认识从那些不合时宜的观念、做法和体制中解放出来，以与时俱进的精神，研究新情况，探索新途径，解决新问题。

国务院法制办公室对《关于清理行政许可收费若干问题的函》的复函

(2004年6月23日 国法函〔2004〕253号)

财政部：

你部《关于清理行政许可收费若干问题的函》（财综函〔2004〕2号）收悉。经认真研究并征求全国人大常委会法工委意见，现函复如下：

一、关于判断行政许可的标准以及行政许可与行政审批的关系问题。我办于2004年1月2日公布的《行政许可法有关问题解答》（见国务院法制办公室《全国贯彻实施行政许可工作简报》第1期）已经对此作了解答。各部门实施的具体行政许可项目，应当以法律、行政法规的规定和国务院决定确认的项目为准。

二、关于确定资格、资质举行的国家考试是不是行政许可问题。国家考试本身不是行政许可，而是行政机关在作出行政许可决定前判定申请人是否符合法定条件的一种审查程序。但这些国家考试需要按照行政许可法的要求进行规范。

三、关于检验、检测、检疫是不是行政许可的问题。检验、检测、检疫不是行政许可，但属于实施行政许可的方式和手段或者是取得行政许可的条件。凡是为决定是否批准行政许可申请或者对被许可行为进行监督、检查所进行的检验、检测、检疫，应当遵守行政许可法关于实施行政许可收取费用的限制性规定。但是行政机关以外的专业技术组织不是作为实施行政许可主体的，其进行的检验、检测、检疫的收费除外。

四、关于行政许可收费的清理和同类行政许可收费政策的协调问题。行政许可法第58条规定："行政机关实施行政许可和对行政许可事项进行监督检查，不得收取任何费用。但是，法律、行政法规另有规定的，依照其规定。"行政许可法实施后，一些行政许可收费没有法律、行政法规依据，应当予以清理。对性质相同的许可事项实施相同收费政策，却没有相应的法律、行政法规依据的收费，或者为与国际通行做法接轨确有必要保留的收费，应当通过修订法律、行政法规明确收费依据。在修订法律行政法规前，可以暂由国务院财政、价格主管部门审核后报经国务院批准后发布执行。

五、关于法律、行政法规有关收费内容的表述问题。2004年7月1日后，拟设定行政许可的法律草案、行政法规草案，规定行政机关实施行政许可和对行政许可事项进行监督检查可以收费的，起草机关在确定收费项目、标准和方式前，应当征求国务院财政、价格主管部门的意见。

交通行政许可实施程序规定

（2004年11月22日　交通部令〔2004〕10号）

第一条　为保证交通行政许可依法实施，维护交通行政许可各方当事人的合法权益，保障和规范交通行政机关依法实施行政管理，根据《中华人民共和国行政许可法》（以下简称《行政许可法》），制定本规定。

第二条　实施交通行政许可，应当遵守《行政许可法》和有关法律、法规及本规定规定的程序。

本规定所称交通行政许可，是指依据法律、法规、国务院决定、省级地方人民政府规章的设定，由本规定第三条规定的实施机关实施的行政许可。

第三条　交通行政许可由下列机关实施：

（一）交通部、地方人民政府交通主管部门、地方人民政府港口行政管理部门依据法定职权实施交通行政许可；

（二）海事管理机构、航标管理机关、县级以上道路运输管理机构在法律、法规授权范围内实施交通行政许可；

（三）交通部、地方人民政府交通主管部门、地方人民政府港口行政管理部门在其法定职权范围内，可以依据本规定，委托其他行政机关实施行政许可。

第四条　实施交通行政许可，应当遵循公开、公平、公正、便民、高效的原则。

第五条　实施交通行政许可，实施机关应当按照《行政许可法》的有关规定，将下列内容予以公示：

（一）交通行政许可的事项；

（二）交通行政许可的依据；

（三）交通行政许可的实施主体；

（四）受委托行政机关和受委托实施行政许可的内容；

（五）交通行政许可统一受理的机构；

（六）交通行政许可的条件；

（七）交通行政许可的数量；

（八）交通行政许可的程序和实施期限；

（九）依法需要举行听证的交通行政许可事项；

（十）需要申请人提交材料的目录；

（十一）申请书文本式样；

（十二）作出的准予交通行政许可的决定；

（十三）实施交通行政许可依法应当收费的法定项目和收费标准；

（十四）交通行政许可的监督部门和投诉渠道；

（十五）依法需要公示的其他事项。

已实行电子政务的实施机关应当公布网站地址。

第六条　交通行政许可的公示，可以采取下列方式：

（一）在实施机关的办公场所设置公示栏、电子显示屏或者将公示信息资料集中在实施机关的专门场所供公众查阅；

（二）在联合办理、集中办理行政许可的场所公示；

（三）在实施机关的网站上公示；

（四）法律、法规和规章规定的其他方式。

第七条 公民、法人或者其他组织，依法申请交通行政许可的，应当依法向交通行政许可实施机关提出。

申请人申请交通行政许可，应当如实向实施机关提交有关材料和反映真实情况，并对其申请材料实质内容的真实性负责。

第八条 申请人以书面方式提出交通行政许可申请的，应当填写本规定所规定的《交通行政许可申请书》（见附件1）。但是，法律、法规、规章对申请书格式文本已有规定的，从其规定。

依法使用申请书格式文本的，交通行政机关应当免费提供。

申请人可以通过信函、电报、电传、传真、电子数据交换和电子邮件等方式提交交通行政许可申请。

申请人以书面方式提出交通行政许可申请确有困难的，可以口头方式提出申请，交通行政机关应当记录申请人申请事项，并经申请人确认。

第九条 申请人可以委托代理人代为提出交通行政许可申请，但依法应当由申请人到实施机关办公场所提出行政许可申请的除外。

代理人代为提出申请的，应当出具载明委托事项和代理人权限的授权委托书，并出示能证明其身份的证件。

第十条 实施机关收到交通行政许可申请材料后，应当根据下列情况分别作出处理：

（一）申请事项依法不需要取得交通行政许可的，应当即时告知申请人不受理；

（二）申请事项依法不属于本实施机关职权范围的，应当即时作出不予受理的决定，并向申请人出具《交通行政许可申请不予受理决定书》（见附件2），同时告知申请人应当向有关行政机关提出申请；

（三）申请材料可以当场补全或者更正错误的，应当允许申请人

当场补全或者更正错误;

（四）申请材料不齐全或者不符合法定形式，申请人当场不能补全或者更正的，应当当场或者在5日内向申请人出具《交通行政许可申请补正通知书》（见附件3），一次性告知申请人需要补正的全部内容；逾期不告知的，自收到申请材料之日起即为受理；

（五）申请事项属于本实施机关职权范围，申请材料齐全，符合法定形式，或者申请人已提交全部补正申请材料的，应当在收到完备的申请材料后受理交通行政许可申请，除当场作出交通行政许可决定的外，应当出具《交通行政许可申请受理通知书》（见附件4）。

《交通行政许可申请不予受理决定书》、《交通行政许可申请补正通知书》、《交通行政许可申请受理通知书》，应当加盖实施机关行政许可专用印章，注明日期。

第十一条 交通行政许可需要实施机关内设的多个机构办理的，该实施机关应当确定一个机构统一受理行政许可申请，并统一送达交通行政许可决定。

实施机关未确定统一受理内设机构的，由最先受理的内设机构作为统一受理内设机构。

第十二条 实施交通行政许可，应当实行责任制度。实施机关应当明确每一项交通行政许可申请的直接负责的主管人员和其他直接责任人员。

第十三条 实施机关受理交通行政许可申请后，应当对申请人提交的申请材料进行审查。

申请人提交的申请材料齐全、符合法定形式，实施机关能够当场作出决定的，应当当场作出交通行政许可决定，并向申请人出具《交通行政许可（当场）决定书》（见附件5）。

依照法律、法规和规章的规定，需要对申请材料的实质内容进行核实的，应当审查申请材料反映的情况是否与法定的行政许可条件相一致。

实施实质审查，应当指派两名以上工作人员进行。可以采用以下方式：

　　（一）当面询问申请人及申请材料内容有关的相关人员；
　　（二）根据申请人提交的材料之间的内容相互进行印证；
　　（三）根据行政机关掌握的有关信息与申请材料进行印证；
　　（四）请求其他行政机关协助审查申请材料的真实性；
　　（五）调取查阅有关材料，核实申请材料的真实性；
　　（六）对有关设备、设施、工具、场地进行实地核查；
　　（七）依法进行检验、勘验、监测；
　　（八）听取利害关系人意见；
　　（九）举行听证；
　　（十）召开专家评审会议审查申请材料的真实性。
　　依照法律、行政法规规定，实施交通行政许可应当通过招标、拍卖等公平竞争的方式作出决定的，从其规定。

　　第十四条　实施机关对交通行政许可申请进行审查时，发现行政许可事项直接关系他人重大利益的，应当告知利害关系人，向该利害关系人送达《交通行政许可征求意见通知书》（见附件6）及相关材料（不包括涉及申请人商业秘密的材料）。

　　利害关系人有权在接到上述通知之日起5日内提出意见，逾期未提出意见的视为放弃上述权利。

　　实施机关应当将利害关系人的意见及时反馈给申请人，申请人有权进行陈述和申辩。

　　实施机关作出行政许可决定应当听取申请人、利害关系人的意见。

　　第十五条　除当场作出交通行政许可决定外，实施机关应当自受理申请之日起20日内作出交通行政许可决定。20日内不能作出决定的，经实施机关负责人批准，可以延长10日，并应当向申请人送达《延长交通行政许可期限通知书》（见附件7），将延长期限的理由告知申请人。但是，法律、法规另有规定的，从其规定。

　　实施机关作出行政许可决定，依照法律、法规和规章的规定需要听证、招标、拍卖、检验、检测、检疫、鉴定和专家评审的，所需时间不计算在本条规定的期限内。实施机关应当向申请人送达《交通行政许可期限法定除外时间通知书》（见附件8），将所需时间书面告知申请人。

第十六条 申请人的申请符合法定条件、标准的，实施机关应当依法作出准予行政许可的决定，并出具《交通行政许可决定书》（见附件9）。

依照法律、法规规定实施交通行政许可，应当根据考试成绩、考核结果、检验、检测、检疫结果作出行政许可决定的，从其规定。

第十七条 实施机关依法作出不予行政许可的决定的，应当出具《不予交通行政许可决定书》（见附件10），说明理由，并告知申请人享有依法申请行政复议或者提起行政诉讼的权利。

第十八条 实施机关在作出准予或者不予许可决定后，应当在10日内向申请人送达《交通行政许可决定书》或者《不予交通行政许可决定书》。

《交通行政许可（当场）决定书》、《交通行政许可决定书》、《不予交通行政许可决定书》，应当加盖实施机关印章，注明日期。

第十九条 实施机关作出准予交通行政许可决定的，应当在作出决定之日起10日内，向申请人颁发加盖实施机关印章的下列行政许可证件：

（一）交通行政许可批准文件或者证明文件；

（二）许可证、执照或者其他许可证书；

（三）资格证、资质证或者其他合格证书；

（四）法律、法规、规章规定的其他行政许可证件。

第二十条 法律、法规、规章规定实施交通行政许可应当听证的事项，或者交通行政许可实施机关认为需要听证的其他涉及公共利益的行政许可事项，实施机关应当在作出交通行政许可决定之前，向社会发布《交通行政许可听证公告》（见附件11），公告期限不少于10日。

第二十一条 交通行政许可直接涉及申请人与他人之间重大利

益冲突的,实施机关在作出交通行政许可决定前,应当告知申请人、利害关系人享有要求听证的权利,并出具《交通行政许可告知听证权利书》(见附件12)。

申请人、利害关系人在被告知听证权利之日起5日内提出听证申请的,实施机关应当在20日内组织听证。

第二十二条 听证按照《行政许可法》第四十八条规定的程序进行。

听证应当制作听证笔录。听证笔录应当包括下列事项:

(一)事由;

(二)举行听证的时间、地点和方式;

(三)听证主持人、记录人等;

(四)申请人姓名或者名称、法定代理人及其委托代理人;

(五)利害关系人姓名或者名称、法定代理人及其委托代理人;

(六)审查该行政许可申请的工作人员;

(七)审查该行政许可申请的工作人员的审查意见及证据、依据、理由;

(八)申请人、利害关系人的陈述、申辩、质证的内容及提出的证据;

(九)其他需要载明的事项。

听证笔录应当由听证参加人确认无误后签字或者盖章。

第二十三条 交通行政许可实施机关及其工作人员违反本规定的,按照《行政许可法》和《交通行政许可监督检查及责任追究规定》查处。

第二十四条 实施机关应当建立健全交通行政许可档案制度,及时归档、妥善保管交通行政许可档案材料。

第二十五条 实施交通行政许可对交通行政许可文书格式有特殊要求的,其文书格式由交通部另行规定。

第二十六条 本规定自2005年1月1日起施行。

附件1:交通行政许可申请书(略)

附件2：交通行政许可申请不予受理决定书（略）

附件3：交通行政许可申请补正通知书（略）

附件4：交通行政许可申请受理通知书（略）

附件5：交通行政许可（当场）决定书（略）

附件6：交通行政许可征求意见通知书（略）

附件7：延长交通行政许可期限通知书（略）

附件8：交通行政许可期限法定除外时间通知书（略）

附件9：交通行政许可决定书（略）

附件10：不予交通行政许可决定书（略）

附件11：交通行政许可听证公告（略）

附件12：交通行政许可告知听证权利书（略）

民政部门实施行政许可办法

(2004年6月8日 民政部令〔2004〕25号)

第一章 总 则

第一条 为了规范民政部门行政许可实施行为，根据《中华人民共和国行政许可法》及有关法律、法规，结合民政部门实际，制定本办法。

第二条 民政部门实施行政许可，应当遵守《中华人民共和国行政许可法》及有关法律、法规和本办法的规定。

第三条 民政部门实施行政许可，应当按照法定的权限、范围、条件和程序，遵循公开、公平、公正、便民、高效和监督检查的原则。

第四条 民政部门应当在法定职权范围内实施行政许可，也可以依照法律、法规、规章的规定委托其他行政机关实施行政许可；

除此之外，不得委托其他组织、法人或公民实施行政许可。

第五条 民政部门实施行政许可，不得在法定条件之外附加任何不正当要求。

第六条 涉及公共利益的重大许可事项，行政许可申请人及利害关系人认为办理行政许可的审查人员或者听证主持人员与行政许可事项有直接利害关系的，有权申请其回避。

办理行政许可的审查人员或者听证主持人员是否回避，由相应民政部门负责人决定。

第二章 申请与受理

第七条 民政部门应当将法律、法规、规章规定的有关本部门办理的行政许可事项、依据、条件、数量、程序、期限、收取费用的法定项目和标准，以及需要提交的全部材料的目录和申请书格式文本、示范文本等在办公场所公示。

有条件的民政部门应当通过机关网站或者其他适当方式将前款内容向社会公开，便于申请人查询和办理。

申请人要求对公示或者公开内容予以说明、解释的，办理行政许可事项的工作人员应当说明、解释，提供准确、可靠的信息。

民政部门应当为申请人通过信函、电报、电传、电子数据交换和电子邮件等方式提出行政许可申请提供便利。

第八条 建立服务窗口的民政部门，由该服务窗口负责统一受理行政许可申请、统一送达行政许可决定；没有服务窗口的，具体办理某项行政许可的有关业务机构应当设立专门岗位，负责统一受理行政许可申请，统一送达行政许可决定。

第九条 行政许可申请人依法向民政部门提出行政许可申请，申请书需要采用格式文本的，民政部门应当免费提供申请书格式文本。申请书格式文本中不得包含与申请行政许可事项没有直接关系的内容。

民政部门不得要求申请人提交与其申请的行政许可事项无关的材料。

申请人依法委托代理人提出行政许可申请的，应当提交授权委托书。授权委托书应当载明授权委托事项和授权范围。

第十条 办理行政许可工作人员在收到申请人递交的申请材料后，除依法可以当场作出不予受理决定外，应当即时填写《行政许可申请材料登记表》，将收到行政许可申请时间、申请人、申请事项、提交材料情况等记录在案。

《行政许可申请材料登记表》一式两份，在申请人和承办人签字后，一份交申请人，一份留民政部门存档备查。

第十一条 民政部门对申请人提出的行政许可申请，应当根据下列情况分别作出处理：

（一）申请事项依法不需要取得行政许可的，应当即时告知申请人不受理，并向其出具《行政许可申请不予受理决定书》；

（二）申请事项依法不属于本部门职权范围的，应当即时作出不予受理的决定，向申请人出具《行政许可申请不予受理决定书》，并告知其向有关行政机关申请；

（三）申请材料存在文字、计算等可以当场更正的错误的，应当告知申请人当场更正，并让其在修改处确认；

（四）申请材料不齐全或者不符合法定形式的，应当场或者在五日内作出《行政许可申请材料补正通知书》，一次告知申请人需要补正的全部内容。逾期不告知，自收到申请材料之日起即为受理；

（五）申请事项属于本部门职权范围，申请材料齐全、符合法定形式或者申请人依照本部门要求提交补正材料的，应当受理行政许可申请，并向申请人出具《行政许可申请受理决定书》。

民政部门出具的上述书面凭证，应当加盖本部门专用印章，并注明日期。

第十二条 对民政部门收到的行政许可申请，承办人员应当在《行政许可申请处理审批表》中写明处理情况，并归档备查。

第三章 审 查

第十三条 申请人对提交申请材料的真实性负责。民政部门一般采取书面审查的办法对申请人提交的申请材料进行审查。

依法需要对申请材料的实质内容进行核实的,民政部门应当派两名以上工作人员进行核查,并制作现场检查笔录或者询问笔录。

现场检查笔录应当如实记载核查情况,并由核查人员签字。

核查中需要询问当事人或者有关人员时,核查人员应当出示执法证件,表明身份,询问笔录应当经被询问人核对无误后签名或者盖章。

第十四条 民政部门实施行政许可应当注意听取公民、法人或者其他组织的陈述和申辩。对行政许可申请进行审查时,发现该行政许可事项直接关系他人重大利益的,应当在决定前告知利害关系人。申请人、利害关系人有权进行陈述和申辩。行政许可办理工作人员对申请人、利害关系人的口头陈述和申辩,应当制作陈述、申辩笔录。民政部门应当对申请人、利害关系人提出的事实、理由进行复核。事实、理由成立的,应当采纳。

第十五条 依法应当先经下级民政部门审查后报上级民政部门决定的行政许可,下级民政部门应当依法接受申请人的申请,并进行初步审查。申请人提交材料齐全,符合法定形式的,应在法定期限内审查完毕并将初步审查意见和全部申请材料直接报送上级民政部门。上级民政部门不得要求申请人重复提供申请材料。

申请人直接向上级民政部门提出申请前款规定的行政许可事项,上级民政部门不得受理,并告知申请人通过下级民政部门提出申请。

第四章 听 证

第十六条 法律、法规、规章规定实施行政许可应当听证的事项,或者民政部门认为需要听证的涉及公共利益的重大行政许可事项,民政部门应当在行政许可事项涉及的区域内发布听证公告,并举行听证。听证公告应当明确听证事项、听证举行的时间、地点、参加人员要求及提出申请的时间和方式等。

第十七条　行政许可直接涉及申请人与他人之间重大利益关系,民政部门应当发出《行政许可听证告知书》,告知申请人、利害关系人有要求听证的权利。

第十八条　申请人、利害关系人要求听证的,应当在收到民政部门《行政许可听证告知书》后五日内提交申请听证的书面材料;逾期不提交的,视为放弃听证的权利。

第十九条　民政部门应当在接到申请人、利害关系人申请听证的书面材料二十日内组织听证,并且在举行听证的七日前,发出《行政许可听证通知书》,将听证的事项、时间、地点通知申请人、利害关系人。

第二十条　申请人、利害关系人在举行听证之前,撤回听证申请的,应当准许,并记录在案。

第二十一条　申请人、利害关系人可以亲自参加听证,也可以委托一至二名代理人参加听证。委托代理人参加听证的,应当提交书面授权委托书。

第二十二条　听证主持人由民政部门负责人从本机关行政许可审查工作人员以外的国家公务员中指定。

第二十三条　行政许可审查工作人员应当在举行听证五日前,向听证主持人提交行政许可审查意见的证据、理由等全部材料。

第二十四条　听证会按照以下程序公开进行:

（一）主持人宣布会场纪律;

（二）核对听证参加人姓名、年龄、身份,告知听证参加人权利、义务;

（三）行政许可审查人提出许可审查意见的证据、理由;

（四）申请人、利害关系人进行申辩和质证;

（五）许可审查人与申请人、利害关系人就有争议的事实进行辩论；

（六）许可审查人与申请人、利害关系人作最后陈述；

（七）主持人宣布听证会中止、延期或者结束。

第二十五条 对于申请人、利害关系人或者其委托的代理人无正当理由不出席听证或者放弃申辩和质证权利退出听证会的，主持人可以宣布听证取消或者听证终止。

第二十六条 听证记录员应当将听证的全部活动制作笔录，由听证主持人和记录员签名。听证笔录应当经听证参加人确认无误或者补正后，由听证参加人当场签名或者盖章。听证参加人拒绝签名或者盖章的，由听证主持人记明情况，在听证笔录中予以载明。

第二十七条 民政部门应当根据听证笔录，作出行政许可决定。对听证笔录中没有认证、记载的事实依据，或者申请人听证后提交的证据，民政部门可以不予采信。

第二十八条 依法应当举行听证而不举行听证的，根据利害关系人的请求或者依据职权，可以撤销行政许可，由此给当事人的合法权益造成损害的，应当给予赔偿；撤销行政许可可能对公共利益造成重大损害的，不予撤销。

第五章 决 定

第二十九条 民政部门对行政许可申请进行审查后，对申请人提交的申请材料齐全，符合法定形式，能够当场作出决定的，应当场作出书面的行政许可决定；对不能当场作出决定的，应当在法定期限内按照规定程序作出行政许可决定。

第三十条 申请人的申请符合法定条件、标准的，民政部门应当依法作出准予行政许可的书面决定；申请人的申请不符合法定条件、标准的，民政部门应当依法作出不予行政许可的书面决定。

民政部门依法作出不予行政许可书面决定的，应当说明理由，并告知申请人享有依法申请行政复议或者提起行政诉讼的权利。

行政许可书面决定应当载明作出决定的时间，并加盖作出决定的民政部门的印章。

第三十一条 民政部门作出准予行政许可的决定，依法需要颁发行政许可证件的，应当向申请人颁发加盖本部门印章的下列行政许可证件：

（一）许可证、执照或者其他许可证书；

（二）资格证、资质证或者其他合格证书；

（三）批准文件或者证明文件；

（四）法律、法规规定的其他行政许可证件。

民政部门依法实施检验、检测的，可以在检验、检测合格的设备、设施、产品上加贴标签或者加盖检验、检测印章。

第三十二条 行政许可证件一般应当载明证件名称、发证机关名称、持证人名称、行政许可事项、证件编号、发证日期、证件有效期等事项。

第三十三条 行政许可决定依法作出即具有法律效力，民政部门不得擅自改变已经生效的行政许可。

行政许可所依据的法律、法规、规章修改或者废止，或者准予行政许可所依据的客观情况发生重大变化的，为了公共利益的需要，民政部门可以依法变更或者撤销已经生效的行政许可。由此给公民、法人或者其他组织造成财产损失的，应当依法给予补偿。

第三十四条 民政部门作出的准予行政许可决定，应当根据行政许可事项的不同情况，以不同形式予以公开，并允许公众查阅。

第六章 期限与送达

第三十五条 除当场作出行政许可决定的外，民政部门应当自受理行政许可申请之日起二十日内作出行政许可决定。二十日内不能作出决定的，经本部门负责人批准，可以延长十日，并向申请人出具《行政许可决定延期通知书》，告知延长期限的理由。法律、法规对作出行政许可决定的期限另有规定的，依照其规定。

第三十六条　民政部门作出行政许可决定，依法需要听证、检验、检测、鉴定和专家评审的，所需时间不计算在本章规定的期限内，但应当将所需时间书面告知申请人。

第三十七条　民政部门作出准予行政许可的决定，应当自作出决定之日起十日内向申请人颁发、送达行政许可证件，或者加贴标签。

第三十八条　民政部门送达行政许可决定以及其他行政许可文书，一般应当由受送达人到民政部门办公场所直接领取。

受送达人直接领取行政许可决定以及其他行政许可文书时，一般应当在送达回证上注明收到日期，并签名或者盖章。

第三十九条　受送达人不直接领取行政许可决定以及其他行政许可文书时，民政部门可以采取以下方式送达：

（一）受送达人是法人或者其他组织的，应当由法人的法定代表人、该组织的主要负责人或者办公室、收发室、值班室等负责收件人在送达回证上签收或者盖章。

（二）受送达人拒绝接收行政许可文书的，送达人应当在送达回证上记明拒收的事由和日期，由送达人、有关基层组织或者所在单位的代表及其他见证人签名或者盖章，把行政许可文书留在受送达人的收发部门或者住所，视为送达；见证人不愿在送达回证上签字或者盖章的，送达人在送达回证上记明情况，把送达文书留在受送达人住所，视为送达。

（三）直接送达有困难的，可以委托当地民政部门送达，也可以邮寄送达。

邮寄送达的，以邮局回执上注明的收件日期为送达日期。

（四）无法采取上述方式送达，或者同一送达事项的受送达人众多的，可以在公告栏、受送达人住所地张贴公告，也可以在报刊上刊登公告。自公告发布之日起经过60日，即视为送达。

第七章 变更与延续

第四十条 被许可人要求变更行政许可事项，符合法定条件、标准的，作出行政许可决定的民政部门应当在受理申请之日起二十日内依法办理变更手续，并作出《准予变更行政许可决定书》；不符合法定条件、标准的，作出行政许可决定的民政部门应当作出《不予变更行政许可决定书》。法律、法规、规章另有规定的，依照其规定。

第四十一条 被许可人需要延续行政许可有效期的，应当在该行政许可有效期届满三十日前向作出行政许可决定的民政部门提出。民政部门应当根据被许可人的申请，在该行政许可有效期届满前作出是否准予延续的决定，并作出《准予延续行政许可决定书》或者《不予延续行政许可决定书》；逾期未作出决定的，视为准予延续。法律、法规、规章另有规定的，依照其规定。

第八章 监督检查

第四十二条 实施行政许可的民政部门应当依法对被许可人从事行政许可事项的活动进行监督检查。

上级民政部门应当加强对下级民政部门实施行政许可的监督检查。

各级民政部门内设机构承担具体业务范围内行政许可的监督检查工作，并以本民政部门名义开展监督检查。

第四十三条 县级以上民政部门应当建立健全法制工作机构，加强监督检查的协调工作、开展行政复议工作，实施国家赔偿制度和补偿制度，依法保障当事人获得行政许可的合法权益。

第四十四条 监督检查不得妨碍被许可人正常的生产经营活动。

第四十五条 民政部门应当将监督检查的情况和处理结果予以记录，由监督检查人员签字后归档。公众有权查阅监督检查记录。

第四十六条　被许可人在作出行政许可决定的民政部门管辖区域内违法从事行政许可事项活动的,由作出该行政许可决定的民政部门依法进行处理。

被许可人在作出行政许可决定的民政部门管辖区域外违法从事行政许可事项活动的,由违法行为发生地的民政部门依法进行处理。

违法行为发生地的民政部门对违法的被许可人作出处理后,应当于十日内将违法事实、相关证据材料和处理结果等抄告作出行政许可决定的民政部门。

第四十七条　民政部门应当建立对被许可人监督检查制度,依法对被许可人实施定期检查、实地检查。

第四十八条　民政部门应当指导被许可人建立自查制度,并监督被许可人依照制度进行自查,督促被许可人将重要工作自查情况报民政部门备案。

第四十九条　有行政许可法第六十九条第一款所列情形之一的,作出行政许可决定的民政部门或者其上级民政部门,根据利害关系人的请求或者依据职权,可以撤销行政许可。

被许可人以欺骗、贿赂等不正当手段取得行政许可的,应当予以撤销。

依照前两款的规定撤销行政许可,可能对公共利益造成重大损害的,不予撤销。

依照本条第一款的规定撤销行政许可,被许可人的合法权益受到损害的,民政部门应当依法给予赔偿。依照本条第二款的规定撤销行政许可的,被许可人基于行政许可取得的利益不受保护。

第五十条　有行政许可法第七十条所列情形之一的,作出行政许可决定的民政部门应当依法办理行政许可的注销手续。

第九章　法律责任

第五十一条　各级民政部门必须建立行政执法责任制,定岗、定责、定人,及时纠正承办人员的违法、违纪行为。

第五十二条 民政部门及其工作人员有以下违反行政许可法规定,应当承担法律责任情形的,依法由上级行政机关或者监察机关责令改正;情节严重的,对直接负责的主管人员和其他直接责任人员给予行政处分:

(一)对符合法定条件的行政许可申请不予受理的;

(二)不在办公场所公示依法应当公示的材料的;

(三)在受理、审查、决定行政许可过程中,未向申请人、利害关系人履行法定告知义务的;

(四)申请人提交的申请材料不齐全、不符合法定形式,不一次告知申请人必须补正的全部内容的;

(五)未依法说明不受理行政许可申请或者不予行政许可的理由的;

(六)依法应当举行听证而不举行听证的。

第五十三条 民政部门工作人员在办理行政许可、实施监督检查中,索取或者收受他人财物及谋取其他利益,尚不构成犯罪的,依法给予行政处分;构成犯罪的,移送司法机关追究刑事责任。

第五十四条 民政部门实施行政许可,对不符合法定条件的申请人准予行政许可、对符合法定条件的申请人不予行政许可、超越法定职权或者不在法定期限内作出准予行政许可决定的,依法由上级行政机关或者监察机关责令改正,对直接负责的主管人员和其他直接责任人员给予行政处分;构成犯罪的,移送司法机关追究刑事责任。

第五十五条 民政部门违法实施行政许可,给当事人的合法权益造成损害的,在机关对外承担赔偿责任后,责令有故意或者重大过失的承办人员承担部分或者全部赔偿费用,并作出相应的处理决定。

第五十六条 被许可人有违反行政许可法规定情形的,由作出行政许可的民政部门依法给予行政处罚;构成犯罪的,移送司法机关追究刑事责任。

第十章 附 则

第五十七条 民政部门实施非行政许可的行政审批,可参照本办法。

第五十八条 本办法自 2004 年 7 月 1 日起施行。

附件:　　　民政部门实施行政许可通用文书

1. 行政许可申请材料登记表(略)
2. 行政许可申请不予受理决定书(略)
3. 行政许可申请材料补正通知书(略)
4. 行政许可申请受理决定书(略)
5. 行政许可申请处理审批表(略)
6. 现场检查笔录(略)
7. 询问笔录(略)
8. 陈述、申辩告知书(略)
9. 陈述、申辩笔录(略)
10. 行政许可听证公告(略)
11. 行政许可听证告知书(略)
12. 行政许可听证通知书(略)
13. 授权委托书(略)
14. 听证笔录(略)
15. 听证报告(略)
16. 准予行政许可决定书(略)
17. 不予行政许可决定书(略)
18. 行政许可决定延期通知书(略)
19. 送达回证(略)
20. 准予变更行政许可决定书(略)

21. 不予变更行政许可决定书（略）
22. 准予延续行政许可决定书（略）
23. 不予延续行政许可决定书（略）

公安机关行政许可工作规定

（2005年9月17日 公安部令〔2005〕80号）

第一章 总 则

第一条 为了贯彻实施《中华人民共和国行政许可法》（以下简称《行政许可法》），规范公安行政许可工作，制定本规定。

第二条 公安机关实施行政许可及其监督管理，适用本规定。

法律、法规授权实施行政许可的公安机关内设机构，适用本规定有关公安机关的规定。

第三条 公安机关实施行政许可，应当遵循合法、公开、公平、公正、便民、高效等原则。

第二章 申请与受理

第四条 公安机关依照《行政许可法》第三十条规定进行公示可以采取设置公告栏、触摸屏或者查阅本等方式进行。已经建立公共信息网站的公安机关还应当将该条规定的公示内容以及受理机关的地址、咨询电话在网站上公示。

第五条 公民、法人或者其他组织依法需要取得公安行政许可的，应当向公安机关提出申请。

申请人可以委托代理人提出行政许可申请，也可以通过信函、电报、电传、传真、电子数据交换和电子邮件等方式提出行政许可申请，但是依法应当由申请人到公安机关办公场所当面提出行政许可申请的除外。

对申请人委托代理人提出行政许可申请的，公安机关应当要求当事人出具授权委托书或者在申请表上委托栏中载明委托人和代理人的简要情况，并签名或者盖章，出示委托人身份证件。

第六条 公安机关应当在办公场所便于公众知晓的位置公布受理行政许可的内设机构名称、地址、联系电话。

办公场所分散、行政许可工作量大的公安机关可以设立统一对外、集中受理公安行政许可申请的场所。

第七条 同一行政许可需要公安机关多个内设机构办理的，由最先收到申请的机构或者本机关指定的机构统一受理，并负责统一送达行政许可决定。

接到申请的机构应当将行政许可申请转告有关机构分别提出意见后统一办理，或者组织有关机构联合办理。

第八条 设区的市级以上公安机关可以将自己负责实施的行政许可，委托县、区公安机关受理。

第九条 申请材料有更正痕迹的，受理机关应当要求申请人在更正处签名、盖章或者捺指印确认。

第十条 受理机关接到行政许可申请后，应当就下列事项进行初步审查：

（一）申请事项是否属于依法需要取得行政许可的事项；

（二）申请事项是否属于本机关管辖；

（三）申请材料是否齐全和符合法定形式，内容填写是否正确。

第十一条 受理机关对申请人提出的行政许可申请，经初步审查，按照下列情形分别作出处理：

（一）依法不需要取得行政许可的，应当即时口头告知申请人不予受理，并说明理由；申请人要求书面决定的，公安机关应当出具不予受理决定书；

（二）申请事项依法不属于本机关职权范围的，应当口头告知申请人向有关行政机关申请；申请人要求书面决定的，公安机关应当出具不予受理决定书；

（三）申请材料存在可以当场更正的错误的，应当允许申请人当场更正，并由申请人签字或者捺指印确认；

（四）申请材料不齐全或者不符合法定形式的，应当当场或者在五日内一次告知申请人需要补正的全部内容；逾期不告知的，自收到申请材料之日起即为受理；

（五）申请事项属于本机关职权范围，申请材料齐全、符合法定形式，或者申请人按照本机关的要求提交全部补正申请材料的，应当受理行政许可申请。

第十二条 对申请人通过信函、电报、电传、传真、电子数据交换和电子邮件等方式提出申请的，公安机关应当自收到申请材料之日起五日内按照第十一条的规定分别情形作出处理，并通知申请人。逾期未通知的，视为受理。但因为申请人原因无法通知的除外。

第十三条 公安机关受理行政许可申请的，应当出具受理行政许可申请凭证。受理凭证应当注明申请事项和办理时限、联系人、咨询电话和收到的申请材料的目录，加盖本机关专用章，并注明受理日期。公安机关当场作出行政许可决定的，无需出具受理凭证。

公安机关依据本规定第十一条第（一）项和第（二）项出具的不予受理行政许可申请决定书应当写明理由，告知申请人有申请行政复议或者提起行政诉讼的权利，加盖本机关专用章，并注明日期。

第三章 审查与决定

第十四条 公安机关受理行政许可申请后，除依法可以当场作出许可决定外，应当指定工作人员负责对申请材料进行审查。审查人员审查后应当提出明确的书面审查意见并签名。

第十五条 根据法定条件和程序，需要对申请材料的实质内容进行核实的，公安机关应当指派工作人员进行核查。

核查可以采取实地或者实物查看、检验、检测以及询问、调查等方式进行。核查应当制作核查记录，全面、客观地记载核查情况。核查记录应当由核查人员和被核查方签字确认。

第十六条 公安机关在审查行政许可申请时，涉及专业知识或者技术问题的，可以委托专业机构或者专家进行评审，由专业机构或者专家出具评审意见，也可以召开专家评审会。

公安机关不得事先公开专家名单。专家评审会不公开举行，申请人不得参加专家评审会。

公安机关作出最终决定时应当参考专业机构或者专家评审意见。

第十七条 公安机关对行政许可申请进行审查时，发现行政许可事项直接关系他人重大利益或者直接涉及申请人与他人之间重大利益关系的，应当告知利害关系人行政许可事项，并告知申请人、利害关系人有权进行陈述、申辩和要求听证。

对申请人或者利害关系人的陈述和申辩，公安机关应当记录在案，并纳入行政许可审查范围。

申请人或者利害关系人要求听证的，应当在被告知听证权利之日起五日内提出听证申请。公安机关应当在申请人或者利害关系人提出听证申请之日起二十日内组织听证。

第十八条 法律、法规、规章规定实施行政许可应当举行听证的事项，或者公安机关认为需要听证的其他涉及公共安全等公共利益的重大行政许可事项，公安机关应当向社会公告，公告期为十日，并在公告期满后二十日内举行听证，公告期不计入公安机关办理行政许可的期限。

公民、法人或者其他组织在公告期内报名参加听证的，公安机关应当登记。公告期内无人报名参加听证的，公安机关应当在案卷中载明，不再举行听证。报名人数过多难以组织安排的，公安机关可从报名者中采取随机方式确定五至十人参加听证。

第十九条 行政许可听证由负责审查该行政许可申请的工作人员以外的人员担任听证主持人。

95

申请人、利害关系人不承担组织听证的费用。

经过听证的行政许可，公安机关应当根据听证笔录，作出行政许可决定；未经听证的证据，不得作为行政许可决定的根据。

第二十条 公安机关作出行政许可决定应当经公安机关负责人或者其授权的工作人员批准。

第二十一条 公安机关拟作出的行政许可决定对申请人申请的行政许可范围、数量、期限、内容等事项有重大改变的，应当事先告知申请人，征得其同意，并在申请材料上注明。申请人不同意的，依法作出不予许可的决定。

第二十二条 公安机关办理行政许可，必须遵循《行政许可法》规定的期限。法律、法规另有规定的，依照其规定。

依法应当先经下级公安机关审查后报上级公安机关决定的行政许可，下级公安机关应当自其受理行政许可申请之日起二十日内审查完毕，并将审查意见和全部申请材料报送上级公安机关，上级公安机关应当自收到下级公安机关报送的审查意见和申请材料之日起二十日内作出决定。

第二十三条 公安机关依法收取行政许可费用，必须向交费人开具财政部门统一制发的票据。

第二十四条 被许可人申请变更行政许可事项的，按照行政许可申请程序和期限办理。

第四章　监督检查

第二十五条 公安机关应当按照《行政许可法》第六章的规定加强对被许可人从事行政许可事项活动的监督检查。

第二十六条 监督检查可以采取下列方式：

（一）实地检查；

（二）抽样检查、检验、检测；

（三）查阅从事行政许可事项活动的相关资料；

（四）其他法律、法规、规章规定的监督检查方式。

第二十七条　公安机关监督检查人员公开对被许可事项进行监督检查时，应当向被许可人出示执法身份证件。对公共场所监督检查时，可以采用暗查方式。

第二十八条　对直接关系公共安全、人身健康、生命财产安全的重要设备、设施，公安机关应当在其职责范围内依法督促设计、建造、安装和使用单位建立健全相应的自检制度。

第二十九条　公安机关监督检查人员在监督检查时，发现直接关系公共安全、人身健康、生命财产安全的重要设备、设施存在安全隐患，能够当场改正的，应当责令设备、设施所属单位当场改正；不能当场改正，无法保证安全的，应当当场口头或者书面责令暂时停止建造、安装或者使用，并在二十四小时内向所属公安机关报告。公安机关应当在接到报告后二日内向建造、安装或者使用单位送达正式处理决定书，责令其限期整改。对属于其他行政机关管辖的，应当及时通知其他行政机关。

被许可单位存在安全隐患，拒不整改的，公安机关应当依法予以处罚或者采取强制措施督促其整改，并可以向社会公布其安全隐患情况，在隐患单位挂牌警示。

第三十条　公安机关应当建立健全被许可人档案。

公安机关对被许可人的监督检查情况和处理结果，应当予以记录，并由监督检查人员签字后归档，保留期限为两年，法律、法规和其他规章另有规定的除外。

第三十一条　被许可活动属于生产经营活动或者直接涉及公众利益的，公安机关可以公布对被许可人的监督检查情况和处理结果以及对被许可人从事许可活动的评价意见。

被许可活动涉及公共安全的，公安机关可以建立被许可单位的公共安全等级评定制度，并向社会公布被许可单位的公共安全等级。

第三十二条　公安机关依照《行政许可法》第六十九条规定撤销行政许可时，应当作出书面决定，并告知被许可人撤销行政许可的法律依据和事实基础，同时责令当事人自行政许可撤销之日起停止从事行政许可事项活动。撤销行政许可应当收回许可证件。当事人拒绝交回的，公安机关应当予以注销，并予公告。

第三十三条　公安机关鼓励个人和组织参与对行政许可事项活动的监督。

个人或者组织向公安机关举报违法从事行政许可事项活动，经查证属实的，公安机关可以给予适当奖励。

第三十四条　对利害关系人根据《行政许可法》第六十九条规定提出的撤销行政许可请求，公安机关应当进行调查，并自收到撤销行政许可请求之日起一个月内作出处理决定，告知利害关系人。情况复杂，不能在规定期限内调查清楚，作出处理决定的，经公安机关负责人批准，可以延长时限。延长时限不超过一个月。

对在法定复议期限内向上一级公安机关提出撤销行政许可请求的，按照行政复议程序处理。

第三十五条　公安机关依法变更或者撤回已经生效的行政许可，应当事前告知被许可人或者向社会公告，并说明理由。

第三十六条　公民依法要求查阅行政许可决定或者监督检查记录的，应当出示身份证明。公安机关不能安排当时查阅的，应当向申请人作出解释，并在五日内安排查阅。

查阅人要求复制有关资料的，应当允许。复制费用由查阅人负担。

涉及国家秘密、商业秘密或者个人隐私的许可资料，不予公开。

第五章　执法监督

第三十七条　上级公安机关及其业务部门应当加强对下级公安机关及其业务部门实施行政许可的监督检查，并将其纳入执法质量考评范围，及时纠正行政许可实施中的违法行为。

公安机关警务督察部门应当加强对行政许可工作的现场督察。

第三十八条　公安机关应当建立健全实施行政许可的举报和投诉制度，公布投诉电话或者信箱。对公民、法人或者其他组织的举报或者投诉，应当及时查处。

第三十九条　公安机关从事行政许可工作的人员具有下列情形之一的，依法给予行政处分，并可以视情调离行政许可工作岗位；构成犯罪的，依法追究刑事责任：

（一）索取或者收受他人财物或者其他利益的；

（二）玩忽职守或者滥用职权的；

（三）一年内受到二次以上投诉，且投诉属实，情节严重、影响恶劣的；

（四）其他违法违纪情形。

第四十条　公安机关从事行政许可的工作人员在实施行政许可工作中有执法过错的，按照《公安机关人民警察执法过错责任追究规定》追究责任；构成犯罪的，依法追究刑事责任。

第六章　附　则

第四十一条　公安机关办理非行政许可审批项目，参照本规定执行。

第四十二条　公安部其他规章对实施某项行政许可有特别规定的，依照特别规定执行。

第四十三条　本规定自 2005 年 12 月 1 日起实行。

卫生行政许可管理办法

(2004年11月17日卫生部令第38号公布 根据2017年12月26日《国家卫生计生委关于修改〈新食品原料安全性审查管理办法〉等7件部门规章的决定》修正)

第一章 总 则

第一条 为规范卫生计生行政部门实施卫生行政许可,根据《中华人民共和国行政许可法》(以下简称《行政许可法》)和有关卫生法律法规的规定,制定本办法。

第二条 卫生行政许可是卫生计生行政部门根据公民、法人或者其他组织的申请,按照卫生法律、法规、规章和卫生标准、规范进行审查,准予其从事与卫生管理有关的特定活动的行为。

第三条 实施卫生行政许可,应当遵循公开、公平、公正、便民原则,提高办事效率,提供优质服务。

第四条 各级卫生计生行政部门实施的卫生行政许可应当有下列法定依据:

(一)法律、行政法规;

(二)国务院决定;

(三)地方性法规;

(四)省、自治区、直辖市人民政府规章。

各级卫生计生行政部门不得自行设定卫生行政许可项目,不得实施没有法定依据的卫生行政许可。

第五条 卫生计生行政部门实施卫生行政许可必须严格遵守法律、法规、规章规定的权限和程序。

法律、法规、规章规定由上级卫生行政机关实施的卫生行政许可，下级卫生行政机关不得实施；法律、法规、规章规定由下级卫生行政机关实施的卫生行政许可，上级卫生行政机关不得实施，但应当对下级卫生行政机关实施卫生行政许可的行为加强监督。

法律、法规、规章未明确规定实施卫生行政许可的卫生计生行政部门级别的，或者授权省级卫生计生行政部门对此作出规定的，省级卫生计生行政部门应当作出具体规定。

第六条 卫生计生行政部门实施的卫生行政许可需要内设的多个机构办理的，应当确定一个机构统一受理卫生行政许可申请和发放行政许可决定。

第七条 公民、法人或者其他组织对卫生计生行政部门实施卫生行政许可享有陈述权、申辩权和依法要求听证的权利；有权依法申请行政复议或者提起行政诉讼；其合法权益因卫生计生行政部门违法实施卫生行政许可受到损害的，有权依法要求赔偿。

第八条 任何单位和个人对违法实施卫生行政许可的行为有权进行举报，卫生计生行政部门应当及时核实、处理。

第二章 申请与受理

第九条 公民、法人或者其他组织申请卫生行政许可，应当按照法律、法规、规章规定的程序和要求向卫生计生行政部门提出申请。申请书格式文本由卫生计生行政部门提供。

申请人可以委托代理人提出卫生行政许可申请，代理人办理卫生行政许可申请时应当提供委托代理证明。

第十条 卫生计生行政部门应当公示下列与办理卫生行政许可事项相关的内容：

（一）卫生行政许可事项、依据、条件、程序、期限、数量；

（二）需要提交的全部材料目录；

（三）申请书示范文本；

（四）办理卫生行政许可的操作流程、通信地址、联系电话、监督电话。

有条件的卫生计生行政部门应当在相关网站上公布前款所列事项，方便申请人提出卫生行政许可，提高办事效率。

卫生计生行政部门应当根据申请人的要求，对公示内容予以说明、解释。

第十一条 申请人申请卫生行政许可，应当如实向卫生计生行政部门提交有关材料，并对其申请材料的真实性负责，承担相应的法律责任。卫生计生行政部门不得要求申请人提交与其申请的卫生行政许可事项无关的技术资料和其他材料。

第十二条 卫生计生行政部门接收卫生行政许可申请时，应当对申请事项是否需要许可、申请材料是否齐全等进行核对，并根据下列情况分别作出处理：

（一）申请事项依法不需要取得卫生行政许可的，应当即时告知申请人不受理；

（二）申请事项依法不属于卫生计生行政部门职权范围的，应当即时作出不予受理的决定，并告知申请人向有关行政机关申请；

（三）申请材料存在可以当场更正的错误，应当允许申请人当场更正，但申请材料中涉及技术性的实质内容除外。申请人应当对更正内容予以书面确认；

（四）申请材料不齐全或者不符合法定形式的，应当当场或者在5日内出具申请材料补正通知书，一次告知申请人需要补正的全部内容，逾期不告知的，自收到申请材料之日起即为受理；补正的申请材料仍然不符合有关要求的，卫生计生行政部门可以要求继续补正；

（五）申请材料齐全、符合法定形式，或者申请人按照要求提交全部补正申请材料的，卫生计生行政部门应当受理其卫生行政许可申请。

第十三条 卫生计生行政部门受理或者不予受理卫生行政许可申请的，应当出具加盖卫生计生行政部门专用印章和注明日期的文书。

第十四条 卫生行政许可申请受理后至卫生行政许可决定作出前，申请人书面要求撤回卫生行政许可申请的，可以撤回；撤回卫生行政许可申请的，卫生计生行政部门终止办理，并通知申请人。

第三章 审查与决定

第十五条 卫生计生行政部门受理申请后，应当及时对申请人提交的申请材料进行审查。

卫生计生行政部门根据法律、法规和规章的规定，确定审查申请材料的方式。

第十六条 卫生计生行政部门对申请材料审查后，应当在受理申请之日起20日内作出卫生行政许可决定；20日内不能作出卫生行政许可决定的，经本级卫生计生行政部门负责人批准，可以延长10日，并应当将延长期限的理由书面告知申请人。

法律、法规对卫生行政许可期限另有规定的，依照其规定。

第十七条 卫生计生行政部门依法需要对申请人进行现场审查的，应当及时指派两名以上工作人员进行现场审查，并根据现场审查结论在规定期限内作出卫生行政许可决定。

第十八条 卫生计生行政部门依法需要对申请行政许可事项进行检验、检测、检疫的，应当自受理申请之日起5日内指派两名以上工作人员按照技术标准、技术规范进行检验、检测、检疫，并书面告知检验、检测、检疫所需期限。需要延长检验、检测、检疫期限的，应当另行书面告知申请人。检验、检测、检疫所需时间不计算在卫生行政许可期限内。

第十九条 卫生计生行政部门依法需要根据鉴定、专家评审结论作出卫生行政许可决定的，应当书面告知申请人组织专家评审的所需期限。卫生计生行政部门根据专家评审结论作出是否批准的卫生行政许可决定。需要延长专家评审期限的，应当另行书面告知申请人。鉴定、专家评审所需时间不计算在卫生行政许可期限内。

第二十条 卫生计生行政部门依法需要根据考试、考核结果作出卫生行政许可决定的，申请人在考试、考核合格成绩确定后，根据其考试、考核结果向卫生计生行政部门提出申请，卫生计生行政部门应当在规定期限内作出卫生行政许可决定。

卫生计生行政部门根据考试成绩和其他法定条件作出卫生行政许可决定的，应当事先公布资格考试的报名条件、报考办法、考试科目以及考试大纲。但是，不得组织强制性的资格考试的考前培训，不得指定教材或者其他助考材料。

第二十一条 卫生计生行政部门依法需要根据检验、检测、检疫结果作出卫生行政许可决定的，检验、检测、检疫工作由依法认定的具有法定资格的技术服务机构承担。

申请人依法可自主选择具备法定资格的检验、检测、检疫机构，卫生计生行政部门不得为申请人指定检验、检测、检疫机构。

第二十二条 依法应当逐级审批的卫生行政许可，下级卫生计生行政部门应当在法定期限内按规定程序和要求出具初审意见，并将初步审查意见和全部申报材料报送上级卫生计生行政部门审批。法律、法规另有规定的，依照其规定。

符合法定要求的，上级卫生计生行政部门不得要求申请人重复提供申请材料。

第二十三条 卫生计生行政部门作出不予卫生行政许可的书面决定的，应当说明理由，告知申请人享有依法申请行政复议或者提起行政诉讼的权利，并加盖卫生计生行政部门印章。

第二十四条 申请人的申请符合法定条件、标准的，卫生计生行政部门应当依法作出准予卫生行政许可的书面决定。依法需要颁发卫生行政许可证件的，应当向申请人颁发加盖卫生计生行政部门印章的卫生行政许可证件。

卫生行政许可证件应当按照规定载明证件名称、发证机关名称、持证人名称、行政许可事项名称、有效期、编号等内容，并加盖卫生计生行政部门印章，标明发证日期。

第二十五条　卫生计生行政部门作出的卫生行政许可决定,除涉及国家秘密、商业秘密或者个人隐私的外,应当予以公开,公众有权查阅。

第二十六条　卫生计生行政部门应当建立健全卫生行政许可档案管理制度,妥善保存有关申报材料和技术评价资料。

第二十七条　申请人依法取得的卫生行政许可,其适用范围没有地域限制的,在全国范围内有效,各级卫生计生行政部门不得采取备案、登记、注册等方式重复或者变相重复实施卫生行政许可。

第二十八条　同一公民、法人或者其他组织在同一地点的生产经营场所需要多项卫生行政许可,属于同一卫生计生行政部门实施行政许可的,卫生计生行政部门可以只发放一个卫生行政许可证件,其多个许可项目应当分别予以注明。

第四章　听　证

第二十九条　法律、法规、规章规定实施卫生行政许可应当听证的事项,或者卫生计生行政部门认为需要听证的涉及重大公共利益的卫生行政许可事项,卫生计生行政部门应当在作出卫生行政许可决定前向社会公告,并举行听证。听证公告应当明确听证事项、听证举行的时间、地点、参加人员要求及提出申请的时间和方式等。

第三十条　卫生行政许可直接涉及申请人与他人之间重大利益关系,卫生计生行政部门应当在作出卫生行政许可决定前发出卫生行政许可听证告知书,告知申请人、利害关系人有要求听证的权利。

第三十一条　申请人、利害关系人要求听证的,应当自收到卫生计生行政部门卫生行政许可听证告知书后五日内提交申请听证的书面材料。逾期不提交的,视为放弃听证的权利。

第三十二条　卫生计生行政部门应当在接到申请人、利害关系人申请听证的书面材料二十日内组织听证,并在举行听证的七日前,发出卫生行政许可听证通知书,将听证的事项、时间、地点通知申请人、利害关系人。

第三十三条 申请人、利害关系人在举行听证前,撤回听证申请的,应当准许,并予记录。

第三十四条 申请人、利害关系人可以亲自参加听证,也可以委托代理人参加听证,代理人应当提供委托代理证明。

第三十五条 根据规定需要听证的,由卫生计生行政部门具体实施行政许可的机构负责组织。听证由卫生计生行政部门的法制机构主持。

申请人、利害关系人不承担卫生计生行政部门组织听证的费用。

第三十六条 申请人、利害关系人认为听证主持人与卫生行政许可有直接利害关系的,有权申请回避。

第三十七条 有下列情形之一的,可以延期举行听证:

(一)申请人、利害关系人有正当理由未到场的;

(二)申请人、利害关系人提出回避申请理由成立,需要重新确定主持人的;

(三)其他需要延期的情形。

第三十八条 举行听证时,卫生行政许可审查人提出许可审查意见,申请人、利害关系人进行陈述、申辩和质证。

第三十九条 听证应当制作笔录,听证笔录应当载明下列事项:

(一)卫生行政许可事项;

(二)听证参加人姓名、年龄、身份;

(三)听证主持人、听证员、书记员姓名;

(四)举行听证的时间、地点、方式;

(五)卫生行政许可审查人提出的许可审查意见;

(六)申请人、利害关系人陈述、申辩和质证的内容。

听证主持人应当在听证后将听证笔录当场交申请人、利害关系人审核,并签名或盖章。申请人、利害关系人拒绝签名的,由听证主持人在听证笔录上说明情况。

第四十条 听证结束后,听证主持人应当依据听证情况,提出书面意见。

第四十一条 听证所需时间不计算在卫生行政许可期限内。

第五章 变更与延续

第四十二条 被许可人在卫生行政许可有效期满前要求变更卫生行政许可事项的,应当向作出卫生行政许可决定的卫生计生行政部门提出申请,并按照要求提供有关材料。

卫生计生行政部门对被许可人提出的变更申请,应当按照有关规定进行审查。对符合法定条件和要求的,卫生计生行政部门应当依法予以变更,并换发行政许可证件或者在原许可证件上予以注明;对不符合法定条件和要求的,卫生计生行政部门应当作出不予变更行政许可的书面决定,并说明理由。

第四十三条 按照法律、法规、规章规定不属于可以变更情形的,应当按照规定重新申请卫生行政许可。

第四十四条 被许可人依法需要延续卫生行政许可有效期的,应当在该卫生行政许可有效期届满 30 日前向作出卫生行政许可决定的卫生计生行政部门提出申请,并按照要求提供有关材料。但法律、法规、规章另有规定的,依照其规定。

第四十五条 卫生计生行政部门接到延续申请后,应当按照本办法的有关规定作出受理或者不予受理的决定。受理延续申请的,应当在该卫生行政许可有效期届满前作出是否准予延续的决定;逾期未作决定的,视为准予延续。

卫生计生行政部门作出不受理延续申请或者不准予延续决定的,应当书面告知理由。

被许可人未按照规定申请延续和卫生计生行政部门不受理延续申请或者不准予延续的,卫生行政许可有效期届满后,原许可无效,由作出卫生行政许可决定的卫生计生行政部门注销并公布。

第四十六条 依法取得的卫生行政许可，除法律、法规规定依照法定条件和程序可以转让的外，不得转让。

第六章 监督检查

第四十七条 卫生计生行政部门应当建立健全行政许可管理制度，对卫生行政许可行为和被许可人从事卫生行政许可事项的活动实施全面监督。

第四十八条 上级卫生计生行政部门应当加强对下级卫生计生行政部门实施的卫生行政许可的监督检查，发现下级卫生计生行政部门实施卫生行政许可违反规定的，应当责令下级卫生计生行政部门纠正或者直接予以纠正。

第四十九条 卫生计生行政部门发现本机关工作人员违反规定实施卫生行政许可的，应当立即予以纠正。

卫生计生行政部门发现其他地方卫生计生行政部门违反规定实施卫生行政许可的，应当立即报告共同上级卫生计生行政部门。接到报告的卫生计生行政部门应当及时进行核实，对情况属实的，应当责令有关卫生计生行政部门立即纠正；必要时，上级卫生计生行政部门可以直接予以纠正。

第五十条 卫生计生行政部门应当加强对被许可人从事卫生行政许可事项活动情况的监督检查，并按照规定记录监督检查情况和处理结果，监督检查记录应当按照要求归档。

第五十一条 卫生计生行政部门依法对被许可人生产、经营、服务的场所和生产经营的产品以及使用的用品用具等进行实地检查、抽样检验、检测时，应当严格遵守卫生行政执法程序和有关规定。

第五十二条 卫生计生行政部门实施监督检查，不得妨碍被许可人正常生产经营和服务活动，不得索取或者收受被许可人的财物，不得谋取其它利益。

卫生计生行政部门对被许可人提供的有关技术资料和商业秘密

负有保密责任。

第五十三条 对违法从事卫生行政许可事项活动的，卫生计生行政部门应当及时予以查处。对涉及本辖区外的违法行为，应当通报有关卫生计生行政部门进行协查；接到通报的卫生计生行政部门应当及时组织协查；必要时，可以报告上级卫生计生行政部门组织协查；对于重大案件，由国家卫生计生委组织协查。

卫生计生行政部门应当将查处的违法案件的违法事实、处理结果告知作出卫生行政许可决定的卫生计生行政部门。

第五十四条 卫生计生行政部门应当设立举报、投诉电话，任何单位和个人发现违法从事卫生行政许可事项的活动，有权向卫生计生行政部门举报，卫生计生行政部门应当及时核实、处理。

第五十五条 卫生计生行政部门在安排工作经费时，应当优先保证实施卫生行政许可所需经费。

卫生计生行政部门实施卫生行政许可时，除法律、行政法规规定外，不得收取任何费用。

第五十六条 被许可人取得卫生行政许可后，应当严格按照许可的条件和要求从事相应的活动。

卫生计生行政部门发现被许可人从事卫生行政许可事项的活动，不符合其申请许可时的条件和要求的，应当责令改正；逾期不改正的，应当依法收回或者吊销卫生行政许可。

第五十七条 有下列情况之一的，作出卫生行政许可决定的卫生计生行政部门或者上级卫生计生行政部门，可以撤销卫生行政许可：

（一）卫生计生行政部门工作人员滥用职权，玩忽职守，对不符合法定条件的申请人作出准予卫生行政许可决定的；

（二）超越法定职权作出准予卫生行政许可决定的；

（三）违反法定程序作出准予卫生行政许可决定的；

（四）对不具备申请资格或者不符合法定条件的申请人准予卫生行政许可的；

（五）依法可以撤销卫生行政许可决定的其它情形。

被许可人以欺骗、贿赂等不正当手段取得卫生行政许可的，应当予以撤销。

撤销卫生行政许可，可能对公共利益造成重大损失的，不予撤销。依照本条第一款的规定撤销卫生行政许可，被许可人的合法权益受到损害的，卫生计生行政部门应当依法予以赔偿。

第五十八条 有下列情形之一的，卫生计生行政部门应当依法办理有关卫生行政许可的注销手续：

（一）卫生行政许可复验期届满或者有效期届满未延续的；

（二）赋予公民特定资格的卫生行政许可，该公民死亡或者丧失行为能力的；

（三）法人或其他组织依法终止的；

（四）卫生行政许可被依法撤销、撤回、或者卫生行政许可证件被依法吊销的；

（五）因不可抗力导致卫生行政许可事项无法实施的；

（六）法律、法规规定的应当注销卫生行政许可的其它情形。

第五十九条 各级卫生计生行政部门应当定期对其负责实施的卫生行政许可工作进行评价，听取公民、法人或者其他组织对卫生行政许可工作的意见和建议，并研究制定改进工作的措施。

第七章 法律责任

第六十条 卫生计生行政部门及其工作人员违反本办法规定，有下列行为之一的，由上级卫生计生行政部门责令改正；拒不改正或者有其他情节严重的情形的，对直接负责的主管人员和其他直接责任人员依法给予行政处分：

（一）对符合法定条件的卫生行政许可申请不予受理的；

（二）不在卫生行政许可受理场所公示依法应当公示的材料的；

（三）在受理、审查、决定卫生行政许可过程中，未向申请人、利害关系人履行法定告知义务的；

（四）申请人提交的申请材料不齐全、不符合法定形式，能够一次告知而未一次告知申请人必须补正的全部内容的；

（五）未向申请人说明不予受理或者不予卫生行政许可的理由的；

（六）依法应当举行听证而不举行听证的。

第六十一条　卫生计生行政部门及其工作人员违反本办法规定，有下列行为之一的，由上级卫生计生行政部门责令改正，并对直接负责的主管人员和其他直接责任人员依法给予行政处分；涉嫌构成犯罪的，移交司法机关追究刑事责任：

（一）对不符合法定条件的申请人准予卫生行政许可或者超越法定职权作出准予卫生行政许可决定的；

（二）对符合法定条件的申请人不予卫生行政许可或者不在法定期限内作出准予卫生行政许可决定的；

（三）索取或者收受财物或者谋取其他利益的；

（四）法律、行政法规规定的其他违法情形。

第六十二条　卫生计生行政部门不依法履行监督职责或者监督不力，造成严重后果的，由其上级卫生计生行政部门责令改正，并对直接负责的主管人员和其他责任人员依法给予行政处分；涉嫌构成犯罪的，移交司法机关追究刑事责任。

第六十三条　申请人提供虚假材料或者隐瞒真实情况的，卫生计生行政部门不予受理或者不予许可，并给予警告，申请人在一年内不得再次申请该许可事项。

第六十四条　被许可人以欺骗、贿赂等不正当手段取得卫生行政许可的，卫生计生行政部门应当依法给予行政处罚，申请人在三年内不得再次申请该卫生行政许可；涉嫌构成犯罪的，移交司法机关追究刑事责任。

第六十五条　被许可人有下列行为之一的，卫生计生行政部门应当依法给予行政处罚；涉嫌构成犯罪的，移交司法机关追究刑事责任：

（一）涂改、倒卖、出租、出借或者以其他方式非法转让卫生行政许可证件的；

（二）超越卫生行政许可范围进行活动的；

（三）在卫生监督检查中提供虚假材料、隐瞒活动真实情况或者拒绝提供真实材料的；

（四）应依法申请变更的事项未经批准擅自变更的；

（五）法律、法规、规章规定的其他违法行为。

第六十六条　公民、法人或者其他组织未经卫生行政许可，擅自从事依法应当取得卫生行政许可的活动的，由卫生计生行政部门依法采取措施予以制止，并依法给予行政处罚；涉嫌构成犯罪的，移交司法机关追究刑事责任。

第八章　附　　则

第六十七条　本办法规定的实施卫生行政许可的期限是指工作日，不包括法定节假日。

第六十八条　本办法规定的卫生行政许可文书样本供各地参照执行。除本办法规定的文书样本外，省级卫生计生行政部门可根据工作需要补充相应文书。

第六十九条　本办法自发布之日起施行。

附件：卫生行政许可文书（略）

司法行政机关行政许可实施与监督工作规则(试行)

(2004年7月6日 司法部令〔2004〕91号)

第一章 总 则

第一条 为了规范司法行政机关行政许可的实施与监督,维护法律的正确实施,保障行政相对人的合法权益,根据《中华人民共和国行政许可法》(以下简称《行政许可法》)等法律、行政法规和国务院有关决定,制定本规则。

第二条 司法行政机关实施行政许可的事项,应当依法设定;实施行政许可的主体,应当依法确定。

司法行政机关应当依照《行政许可法》、有关法律、法规、规章和本规则的规定,实施行政许可,并对行政许可行为和公民、法人或者其他组织从事行政许可事项活动的情况进行监督。

第三条 司法行政机关实施行政许可,应当遵循公开、公平、公正、便民、高效和信赖保护的原则。

第四条 司法行政机关内设机构在行政许可的实施与监督工作中,应当按照权责明确、分工配合的原则,严格依法履行职责,提供优质服务。

实施行政许可,应当由法定的司法行政机关的相关内设业务机构承办;需要多个内设业务机构办理的,由主办业务机构或者办公厅(室)负责统一受理行政许可申请,协调提出审查意见,统一送达行政许可决定;有关行政许可的文件、文书及证件,一律以实施机关的名义对外发布或者签发。

第二章 申请与受理

第五条 司法行政机关对依法定职责实施的行政许可事项，应当依照《行政许可法》第三十条第一款规定的内容，在办公场所进行公示，还可以在本机关开设的政府网站上进行公示。

申请人要求对公示的内容予以说明、解释的，承办业务机构及其工作人员应当负责任地作出说明、解释。

第六条 申请人向司法行政机关提出行政许可申请的，承办业务机构应当即时制作记录，并进行审查。行政许可申请的记录，应当载明收到的日期。

司法行政机关有条件采用电子政务方式办公的，承办业务机构应当安排专人，负责每日查收通过电子数据交换渠道提出的行政许可申请。

第七条 司法行政机关接到行政许可申请后，应当按照下列事项对是否受理该项申请进行审查：

（一）申请事项是否属于本机关管辖范围；

（二）申请事项是否属于依法需要取得行政许可的事项；

（三）申请人是否具有不得提出行政许可申请的情形；

（四）申请人是否按照法律、法规、规章规定提交了符合规定种类、内容的申请材料，以及申请材料是否有明显的错误；

（五）申请人提供的申请材料是否符合规定的格式、数量。

第八条 根据《行政许可法》第三十二条的规定，对行政许可申请，经审查，按下列情形分别处理：

（一）对依法不需要取得行政许可的，应当即时告知申请人不予受理；

（二）对依法不属于本机关管辖范围的，应当即时作出不予受理的决定，并告知申请人向有关行政机关申请；

（三）对申请材料存在当场可以更正的错误的，应当允许申请人当场更正，并由申请人签字确认；

（四）申请材料不齐全或者不符合规定格式、数量的，应当当场或者自收到申请材料之日起五日内一次告知申请人需要补正的全部内容，告知情况应当记录；逾期不告知的，自收到申请材料之日起即为受理；

（五）对符合《行政许可法》第三十二条第五项规定的，应当予以受理。

司法行政机关应当以书面形式作出受理或者不予受理行政许可申请的决定，并加盖本机关印章和注明日期，送达申请人。

第九条 司法行政机关应当免费向申请人提供行政许可申请书格式文本。

法律、行政法规及国务院决定设定的司法行政机关实施的各项行政许可的申请书格式文本，由司法部统一制定。

第三章 审查与决定

第十条 司法行政机关对受理的行政许可申请，应当依照法定的条件对申请材料进行审查。重点审查以下内容：

（一）申请材料反映的申请人条件是否合法；

（二）申请材料的相关内容是否真实。

根据法定条件和程序，需要对申请材料的实质内容进行核实的，应当指派两名以上工作人员进行核查。核查情况应当记录，并提交核查报告。

第十一条 依法应当先由下级司法行政机关审查后报上级司法行政机关决定的行政许可，下级司法行政机关应当自受理行政许可申请之日起二十日内审查完毕，将初步审查意见和全部申请材料报送上级司法行政机关。

司法行政机关实施行政许可前置审查的，应当依照有关法律、法规规定的期限完成审查，将前置审查意见和全部申请材料移送主办该项行政许可的行政机关。

法律、法规对初步审查期限另有规定的，依照其规定。

第十二条 受理行政许可申请后，除当场作出行政许可决定的外，司法行政机关应当在法定期限内按照规定程序作出准予行政许可或者不予行政许可的书面决定。

申请人的申请符合法定条件、标准的，司法行政机关应当依法作出准予行政许可书面决定；作出不予行政许可的书面决定的，应当说明理由，并告知申请人享有依法申请行政复议或者提起行政诉讼的权利。

第十三条 司法行政机关作出的准予行政许可或者不予行政许可的书面决定，由承办业务机构自作出决定之日起十日内向申请人送达。送达方式，参照《中华人民共和国民事诉讼法》关于送达的规定执行。

作出准予行政许可的决定，需要颁发行政许可证件的，应当同时向申请人颁发加盖本机关印章的相关行政许可证件。

第十四条 司法行政机关作出的准予行政许可的决定，应当予以公开。公众要求查阅的，应当准予查阅并提供必要的条件。

第十五条 被许可人要求变更行政许可事项，并向作出行政许可的司法行政机关提出申请的，司法行政机关按照本章规定的行政许可申请审查的有关规定办理。法律、法规另有规定的，依照其规定。

被许可人依法提出需延续取得的行政许可有效期申请的，司法行政机关按照本章规定的行政许可申请审查的有关规定办理，并在该行政许可有效期届满前作出是否准予延续的书面决定。法律、法规另有规定的，依照其规定。

第十六条 根据《行政许可法》第四十二条的规定，除可以当场作出行政许可决定的外，司法行政机关应当自受理行政许可申请之日起二十日内作出行政许可决定。二十日内不能作出决定的，由承办业务机构报本机关主管负责人批准，可以延长十日，并于前述规定期限届满前将延长期限的理由告知申请人，口头告知的应当记录在案。法律、法规对期限另有规定的，依照其规定。

第十七条 司法行政机关实施行政许可，依照法律、行政法规规定收取费用的，应当按照行政事业性收费主管机关核定、公布的项目和标准收取。

第四章 听　　证

第十八条 法律、法规、规章规定实施行政许可应当听证的事项，或者司法行政机关认为需要听证的涉及公共利益的行政许可事项，司法行政机关应当在行政许可事项涉及的区域内向社会公告。与该行政许可事项有关的人员可以申请参加听证。

听证公告应当载明听证事项、听证举行的时间、地点、参加人员要求及提出申请的时间和方式等。

第十九条 行政许可直接涉及申请人与他人重大利益关系的，司法行政机关在作出行政许可决定前，应当向申请人、利害关系人发出《行政许可听证告知书》，告知其享有要求听证的权利及提出申请的时间和方式。

申请人、利害关系人要求听证的，应当自收到《行政许可听证告知书》之日起五日内以书面形式提出听证申请；逾期不提出申请的，视为放弃听证的权利。

司法行政机关应当自收到听证申请之日起二十日内组织听证。听证申请人在举行听证前撤回听证申请，行政许可申请人或者利害关系人无异议的，司法行政机关应当准许，并记录在案。

第二十条 听证由实施行政许可的司法行政机关的法制工作机构组织，并派员主持。审查该行政许可申请的工作人员不得担任听证主持人。

组织听证所需时间不计算在行政许可的审查期限内。司法行政机关应当将听证所需时间在《行政许可听证告知书》中一并告知申请人。

组织听证的费用,由司法行政机关承担。

第二十一条 根据《行政许可法》第四十八条的规定,司法行政机关组织听证应当按照下列程序和要求进行:

(一)听证举行七日前应当将举行听证的时间、地点、听证主持人等事项通知申请人、利害关系人以及其他听证参加人,必要时予以公告。

(二)听证应当公开举行。但涉及国家秘密、商业秘密和个人隐私的除外。

(三)听证主持人有下列情形之一的,应当自行回避;申请人、利害关系人有权申请回避:

1. 是申请人、利害关系人或者其委托代理人的近亲属的;
2. 与该行政许可事项有直接利害关系的;
3. 与申请人、利害关系人有其他关系,可能影响听证公正举行的。

(四)举行听证时,审查该行政许可申请的工作人员应当提出审查意见,并提供相关的证据、理由,申请人、利害关系人可以发表意见、提供证据,并进行申辩和质证。

(五)听证应当制作笔录,由听证主持人和记录人签名,并经听证参加人确认无误后当场签名或者盖章。听证参加人对笔录内容有异议的,听证主持人应当告知其他参加人,各方认为异议成立的,应当予以补充或者更正;对异议有不同意见,听证主持人认为异议不能成立的,或者听证参加人拒绝签名、盖章的,听证主持人应当在听证笔录中予以载明。

听证笔录包括以下主要内容:听证事项;听证举行的时间、地点;听证主持人、记录人;听证参加人;行政许可申请内容;承办业务机构的审查意见及相关证据、理由;申请人、利害关系人发表的意见,提出的证据、理由;审查人与申请人、利害关系人辩论、质证的情况和听证申请人最后陈述的意见等。

第二十二条 司法行政机关应当根据听证笔录,作出准予行政许可或者不予行政许可的决定。

对听证笔录没有认定、记载的事实、证据，申请人、利害关系人在听证举行后作出行政许可决定前提出新的事实或者证据，司法行政机关认为足以影响对行政许可作出决定的，应当通知利害关系人或者申请人，并征求他们的意见。申请人或者利害关系人在作出的笔录上签字后，司法行政机关可视情决定是否将相关事实、证据采纳作为作出行政许可决定的依据；必要时，司法行政机关应当另行举行补充听证。

第五章　监督检查

第二十三条　司法行政机关应当加强对本机关实施行政许可工作及其工作人员的内部监督，保障本机关行政许可实施和监督工作严格依法进行。

上级司法行政机关应当加强对下级司法行政机关实施行政许可工作的监督。发现有需要纠正的行为的，应当及时提出意见，限期改正。

司法行政机关收到对本机关各相关业务机构及其工作人员违反规定实施行政许可的举报、投诉，应当及时依法核查，认真作出处理，或者提请监察机关依法处理，并负责将处理结果书面答复举报人、投诉人。对举报人、投诉人的情况，应当保密。

第二十四条　司法行政机关对被许可人从事许可活动的情况实施监督检查，以对被许可人从事行政许可事项活动的有关材料和年度报告进行书面审查的形式为主，必要时可以进行实地检查。

司法行政机关应当将被许可人从事行政许可事项活动的情况，实施监督检查的材料和考核意见以及处理结果建立档案。公众要求查阅的，应当在收到申请后及时安排查阅。

对监督检查中涉及的国家机密、商业秘密或者个人隐私，应当予以保密。

第二十五条 司法行政机关及其工作人员在实施监督检查工作中，应当遵守公务活动的规则和纪律，不得妨碍被许可人正常的业务活动，不得索取或者收受被许可人的财物，不得利用职务之便利牟取其他利益，不得与被许可人串通损害他人或者公共利益。

第二十六条 被许可人在作出行政许可决定的司法行政机关管辖区域内违法从事行政许可事项活动的，由作出行政许可决定的司法行政机关依法进行处理。

被许可人在作出行政许可决定的司法行政机关管辖区域外违法从事行政许可事项活动的，违法行为发生地的司法行政机关应当依法立案查处，并将查处情况书面告知作出行政许可决定的司法行政机关。需要给予停止执业、停业整顿、吊销执业证书处罚或者撤销行政许可的，应当提出处罚建议，移送作出行政许可决定的司法行政机关处理。

第二十七条 根据《行政许可法》第六十九条第一款的规定，利害关系人提出撤销行政许可请求的，司法行政机关应当自收到请求材料之日起三十日内完成核查，作出是否予以撤销该行政许可的书面决定，并将决定送达利害关系人和被许可人。

司法行政机关发现有可以撤销行政许可情形的，可以依据职权作出撤销该行政许可的决定，并将决定送达被许可人。

撤销行政许可，被许可人合法权益受到损害的赔偿及相关可取得利益的保护，依照《行政许可法》第六十九条第四款的规定执行。

第二十八条 司法行政机关在对被许可人实施监督检查中发现有《行政许可法》第七十条规定情形的，应当依法办理有关行政许可的注销手续，并将注销的理由和依据书面告知被许可人，收回行政许可证件，必要时予以公告。

第二十九条 有下列情形之一的，司法行政机关可以依法变更或者撤回行政许可：

（一）行政许可依据的法律、法规、规章修改或者废止的；

（二）行政许可依据的客观情况发生重大变化的。

依法变更或者撤回行政许可,司法行政机关应当作出书面决定,说明理由和依据,并送达被许可人。

依法变更或者撤回行政许可,给当事人造成财产损失的,依照《行政许可法》第八条第二款的规定处理。

第六章 法律责任

第三十条 上级司法行政机关发现下级司法行政机关有违反《行政许可法》第十七条规定设定行政许可情形的,应当责令其限期改正,下级司法行政机关应当在限期届满前将改正情况报上级司法行政机关;或者由上级司法行政机关依法予以撤销。

第三十一条 司法行政机关发现本机关内设业务机构及其工作人员或者上级司法行政机关发现下级司法行政机关及其工作人员有《行政许可法》第七十二条、第七十三条、第七十四条、第七十五条、第七十七条规定情形的,由本机关或者上级司法行政机关,或者提请监察机关分别情况责令其改正;情节严重的,对直接负责的主管人员和其他直接责任人员依法给予行政处分;构成犯罪的,依法追究刑事责任。

第三十二条 司法行政机关违法实施行政许可,给当事人的合法权益造成损害的,应当依照《中华人民共和国国家赔偿法》的规定给予赔偿。

司法行政机关因违法实施行政许可承担赔偿责任的,可以依照《中华人民共和国国家赔偿法》第十四条第一款的规定,责令有故意或者重大过失的工作人员承担部分或者全部赔偿费用。

第三十三条 行政许可申请人有《行政许可法》第七十八条规定情形的,被许可人有《行政许可法》第七十九条、第八十条规定情形的,司法行政机关应当依法处理。

第三十四条 公民、法人或者其他组织未经行政许可,擅自从事依法应当取得司法行政机关行政许可的活动的,司法行政机关应当依法采取措施予以制止,并依法给予行政处罚,或者提请有关机关依法处理。

第七章 附 则

第三十五条 各省、自治区、直辖市司法行政机关应当根据《行政许可法》和有关法律、法规、规章以及本规则的规定,建立健全行政许可实施与监督工作制度。有关规范性文件报司法部备案。

第三十六条 本规则由司法部解释。

第三十七条 本规则自发布之日起施行。

农业行政许可听证程序规定

(2004年6月28日 农业部令〔2004〕35号)

第一章 总 则

第一条 为了规范农业行政许可听证程序,保护公民、法人和其他组织的合法权益,根据《行政许可法》,制定本规定。

第二条 农业行政机关起草法律、法规和省、自治区、直辖市人民政府规章草案以及实施行政许可,依法举行听证的,适用本规定。

第三条 听证由农业行政机关法制工作机构组织。听证主持人、听证员由农业行政机关负责人指定。

第四条 听证应当遵循公开、公平、公正的原则。

第二章 设定行政许可听证

第五条 农业行政机关起草法律、法规和省、自治区、直辖市人民政府规章草案，拟设定行政许可的，在草案提交立法机关审议前，可以采取听证的形式听取意见。

第六条 农业行政机关应当在举行听证30日前公告听证事项、报名方式、报名条件、报名期限等内容。

第七条 符合农业行政机关规定条件的公民、法人和其他组织，均可申请参加听证，也可推选代表参加听证。

农业行政机关应当从符合条件的报名者中确定适当比例的代表参加听证，确定的代表应当具有广泛性、代表性，并将代表名单向社会公告。

农业行政机关应当在举行听证7日前将听证通知和听证材料送达代表。

第八条 听证按照下列程序进行：

（一）听证主持人介绍法律、法规、政府规章草案设定行政许可的必要性以及实施行政许可的主体、程序、条件、期限和收费等情况；

（二）听证代表分别对设定行政许可的必要性以及实施行政许可的主体、程序、条件、期限和收费等情况提出意见；

（三）听证应当制作笔录，详细记录听证代表提出的各项意见。

第九条 农业行政机关将法律、法规和省、自治区、直辖市人民政府规章草案提交立法机关审议时，应当说明举行听证和采纳意见的情况。

第三章 实施行政许可听证

第一节 一般规定

第十条 有下列情形之一的，农业行政机关在作出行政许可决定前，应当举行听证：

（一）农业法律、法规、规章规定实施行政许可应当举行听证的；

123

（二）农业行政机关认为其他涉及公共利益的重大行政许可需要听证的；

（三）行政许可直接涉及申请人与他人之间重大利益关系，申请人、利害关系人在法定期限内申请听证的。

第十一条 听证由一名听证主持人、两名听证员组织，也可视具体情况由一名听证主持人组织。

审查行政许可申请的工作人员不得作为该许可事项的听证主持人或者听证员。

第十二条 听证主持人、听证员有下列情形之一的，应当自行回避，申请人、利害关系人也可以申请其回避：

（一）与行政许可申请人、利害关系人或其委托代理人有近亲属关系的；

（二）与该行政许可申请有其他直接利害关系，可能影响听证公正进行的。

听证主持人、听证员的回避由农业行政机关负责人决定，记录员的回避由听证主持人决定。

第十三条 行政许可申请人、利害关系人可以亲自参加听证，也可以委托1-2名代理人参加听证。

由代理人参加听证的，应当向农业行政机关提交由委托人签名或者盖章的授权委托书。授权委托书应当载明委托事项及权限，并经听证主持人确认。

委托代理人代为放弃行使听证权的，应当有委托人的特别授权。

第十四条 记录员应当将听证的全部内容制作笔录，由听证主持人、听证员、记录员签名。

听证笔录应当经听证代表或听证参加人确认无误后当场签名或者盖章。拒绝签名或者盖章的，听证主持人应当在听证笔录上注明。

第十五条 农业行政机关应当根据听证笔录，作出行政许可决定。

法制工作机构应当在听证结束后5日内，提出对行政许可事项处理意见，报本行政机关负责人决定。

第二节　依职权听证程序

第十六条　农业行政机关对本规定第十条第一款第（一）、（二）项所列行政许可事项举行听证的，应当在举行听证 30 日前，依照第六条的规定向社会公告有关内容，并依照第七条的规定确定听证代表，送达听证通知和材料。

第三节　依申请听证程序

第十七条　符合本规定第十条第一款第（三）项规定的申请人、利害关系人，应当在被告知听证权利后 5 日内向农业行政机关提出听证申请。逾期未提出的，视为放弃听证。放弃听证的，应当书面记载。

第十八条　听证申请包括以下内容：

（一）听证申请人的姓名和住址，或者法人、其他组织的名称、地址、法定代表人或者主要负责人姓名；

（二）申请听证的具体事项；

（三）申请听证的依据、理由。

听证申请人还应当同时提供相关材料。

第十九条　法制工作机构收到听证申请后，应当对申请材料进行审查；申请材料不齐备的，应当一次告知当事人补正。

有下列情形之一的，不予受理：

（一）非行政许可申请人或利害关系人提出申请的；

（二）超过 5 日期限提出申请的；

（三）其他不符合申请听证条件的。

不予受理的，应当书面告知不予受理的理由。

第二十条　法制工作机构审核后，对符合听证条件的，应当制作《行政许可听证通知书》，在举行听证 7 日前送达行政许可申请人、利害关系人。

《行政许可听证通知书》应当载明下列事项：

（一）听证事项；

（二）听证时间、地点；

（三）听证主持人、听证员姓名、职务；

（四）注意事项。

第二十一条 听证应当在收到符合条件的听证申请之日起 20 日内举行。

行政许可申请人、利害关系人应当按时参加听证；无正当理由不到场的，或者未经听证主持人允许中途退场的，视为放弃听证。放弃听证的，记入听证笔录。

第二十二条 承办行政许可的机构在接到《行政许可听证通知书》后，应当指派人员参加听证。

第二十三条 听证按照下列程序进行：

（一）听证主持人宣布听证开始，宣读听证纪律，核对听证参加人身份，宣布案由，宣布听证主持人、记录员名单；

（二）告知听证参加人的权利和义务，询问申请人、利害关系人是否申请回避；

（三）承办行政许可机构指派的人员提出其所了解掌握的事实，提供审查意见的证据、理由；

（四）申请人、利害关系人进行申辩，提交证据材料；

（五）听证主持人、听证员询问听证参加人、证人和其他有关人员；

（六）听证参加人就颁发行政许可的事实和法律问题进行辩论，对有关证据材料进行质证；

（七）申请人、利害关系人最后陈述；

（八）听证主持人宣布听证结束。

第二十四条 有下列情形之一的，可以延期举行听证：

（一）因不可抗力的事由致使听证无法按期举行的；

（二）行政许可申请人、利害关系人临时申请回避，不能当场决定的；

（三）应当延期的其他情形。

延期听证的，应当书面通知听证参加人。

第二十五条　有下列情形之一的，中止听证：

（一）申请人、利害关系人在听证过程中提出了新的事实、理由和依据，需要调查核实的；

（二）申请听证的公民死亡、法人或者其他组织终止，尚未确定权利、义务承受人的；

（三）应当中止听证的其他情形。

中止听证的，应当书面通知听证参加人。

第二十六条　延期、中止听证的情形消失后，由法制工作机构决定恢复听证，并书面通知听证参加人。

第二十七条　有下列情形之一的，终止听证：

（一）申请听证的公民死亡，没有继承人，或者继承人放弃听证的；

（二）申请听证的法人或者其他组织终止，承受其权利的法人或者其他组织放弃听证的；

（三）行政许可申请人、利害关系人明确放弃听证或者被视为放弃听证的；

（四）应当终止听证的其他情形。

第四章　附　　则

第二十八条　听证不得向当事人收取任何费用。听证经费列入本部门预算。

第二十九条　法律、法规授权组织实施农业行政许可需要举行听证的，参照本规定执行。

第三十条　本规定的期限以工作日计算，不含法定节假日。

第三十一条　本规定自2004年7月1日起施行。

水行政许可实施办法

(2005年7月8日 水利部令〔2005〕23号)

第一章 总 则

第一条 为了规范水行政许可,保护公民、法人和其他组织的合法权益,维护公共利益和社会秩序,保障和监督水行政许可实施机关有效实施水行政管理,根据《中华人民共和国行政许可法》、《中华人民共和国水法》、《中华人民共和国防洪法》、《中华人民共和国水土保持法》等法律法规,制定本办法。

第二条 本办法所称水行政许可,是指水行政许可实施机关根据公民、法人或者其他组织的申请,经依法审查,准予其从事特定水事活动的行为。

本办法所称水行政许可实施机关,是指县级以上人民政府水行政主管部门、法律法规授权的流域管理机构或者其他行使水行政许可权的组织。

第三条 水行政许可的规定、实施和监督检查,适用本办法。

上级水行政主管部门对下级水行政主管部门,以及水行政主管部门对其直接管理的事业单位的人事、财务、外事等事项的审批,不属于水行政许可,不适用本办法。

第四条 实施水行政许可,应当依照有关法律、法规、规章和本办法规定的权限、范围、条件、程序和期限。

第五条 实施水行政许可,应当遵循公开、公平、公正的原则。

水行政许可实施机关应当公布水行政许可的权限、范围、条件、程序和期限等规定;应当公开水行政许可的实施过程和水行政许可决定的内容。但是,涉及国家秘密、商业秘密或者个人隐私的除外。

水行政许可实施机关应当建立核查、回避、听证、科学决策等制度,保障实施水行政许可的公平和公正。符合法定条件、标准的,申请人有依法取得水行政许可的平等权利,水行政许可实施机关不得歧视。

第六条 实施水行政许可,应当遵循便民、高效的原则。

水行政许可实施机关应当精简办事环节,推行便民措施,提高办事效率,提供优质服务。

第七条 实施水行政许可,应当为公民、法人或者其他组织依法行使陈述权、申辩权、损害赔偿权、申请行政复议权提供便利条件。

公民、法人或者其他组织有权就水行政许可的实施情况向有关水行政许可实施机关或者其他机关提出意见、建议、投诉、批评、检举或者控告;水行政许可实施机关应当认真进行审查,发现水行政许可有错的,应当主动改正。

第八条 水行政许可实施机关实施水行政许可,应当自觉接受县级以上人民政府和上级水行政主管部门的监督以及社会监督。

水行政许可实施机关应当对公民、法人或者其他组织从事水行政许可事项的活动实施有效监督。

第二章 水行政许可的规定

第九条 在法律、行政法规和国务院决定设定的水行政许可事项范围内,国务院水行政主管部门可以制定规章,对实施该水行政许可的程序、条件、期限、须提交的材料目录等作出具体规定。

水行政许可实施机关可以根据法律、行政法规、国务院决定和有关规章,以规范性文件的形式对水行政许可执行中的具体问题予以明确。

规章和规范性文件对实施上位法规定的行政许可作出的具体规

定，不得增设水行政许可和增设违反上位法的其他条件。

第十条 县级以上地方人民政府水行政主管部门或者流域管理机构认为需要增设新的在全国统一实施的水行政许可，或者认为法律、行政法规、国务院决定设定的水行政许可不必要、不合理，需要修改或者废止的，可以向国务院水行政主管部门提出意见和建议。

国务院水行政主管部门认为需要增设新的水行政许可，或者认为法律、行政法规、国务院决定设定的水行政许可不必要、不合理，需要修改或者废止的，可以向国务院提出立法建议。

第十一条 起草法律草案、法规草案和省、自治区、直辖市人民政府规章草案，拟设定水行政许可的，承担起草任务的水行政主管部门应当采取听证会、论证会等形式听取意见，全面评价设定该水行政许可的必要性、可行性、对经济和社会可能产生的影响，并向制定机关说明评价意见以及听取和采纳意见的情况。

水行政许可实施机关应当对水行政许可的实施情况及存在的必要性适时进行评价，并将评价意见报送该水行政许可的设定机关。

水行政许可评价管理办法由国务院水行政主管部门另行制定。

第三章 水行政许可的实施机关

第十二条 水行政许可由县级以上人民政府水行政主管部门在其法定职权范围内实施。

国务院水行政主管部门在国家确定的重要江河、湖泊设立的流域管理机构以及其他法律法规授权的组织，在法律、法规授权范围内，以自己的名义实施水行政许可。

水行政许可实施机关的内设机构不得以自己的名义实施水行政许可。

第十三条 水行政许可实施机关在其法定职权范围内，依照法律、法规、规章的规定，可以委托其他县级以上人民政府水行政主管部门等行政机关实施水行政许可。委托机关应当将受委托机关和受委托实施水行政许可的内容予以公告。

委托机关对受委托机关实施水行政许可的行为应当负责监督，并对该行为的后果承担法律责任。

受委托机关在委托范围内，以委托机关名义实施水行政许可；不得再委托其他组织或者个人实施水行政许可。

第十四条 水行政许可需要水行政许可实施机关内设的多个机构办理的，应当确定一个机构统一受理水行政许可申请、统一送达水行政许可决定，或者设立专门的水行政许可办事机构，集中办理水行政许可事项。

第十五条 水行政许可实施机关的法制工作机构归口管理水行政许可工作。但是，水行政许可实施机关另有规定的除外。

第十六条 水行政许可实施机关的法制工作机构或者其他水行政许可归口管理机构，承办下列事项：

（一）组织制订水行政许可制度；

（二）审查涉及水行政许可的法律、法规、规章和规范性文件草案；

（三）审查和评价水行政许可的设定；

（四）指导、协调、监督检查水行政许可的实施情况；

（五）承办有关水行政许可的行政复议、行政应诉案件；

（六）法律、法规、规章规定和水行政许可实施机关交办的其他水行政许可归口管理工作。

第四章 水行政许可的申请和受理

第十七条 公民、法人或者其他组织从事特定水事活动，依法需要取得水行政许可的，应当直接向有水行政许可权的水行政许可实施机关提出申请。但是，本办法第三十三条第二款规定的情形除外。

第十八条 申请水行政许可，可以由申请人到水行政许可实施

131

机关的办公场所，以书面形式提出，也可以通过信函、电报、电传、传真、电子数据交换和电子邮件等方式提出。以电报、电传、传真、电子数据交换和电子邮件等方式提出的，申请人应当自提交申请之日起三日内提供能够证明其申请文件效力的材料；逾期未能提供的，视为放弃本次申请。

第十九条 申请水行政许可，需要使用格式文本的，水行政许可实施机关应当向申请人提供，格式文本中不得包含与申请水行政许可事项没有直接关系的内容。

第二十条 申请人可以委托代理人提出水行政许可申请。但是，依照法律、法规、规章应当由申请人本人到水行政许可实施机关的办公场所提出水行政许可申请的除外。

申请人委托代理人提出水行政许可申请的，应当出具授权委托书。委托人为自然人的，应当在授权委托书上签名；委托人为法人或者其他组织的，应当由法定代表人或者主要负责人在授权委托书上签名并加盖公章。授权委托书应当载明下列事项：

（一）委托人和代理人的基本情况；

（二）代为提出水行政许可申请、递交有关材料、收受法律文书、接受询问等代理事项和代理权限；

（三）代理起止日期。

第二十一条 水行政许可实施机关应当将法律、法规、规章规定的有关水行政许可的事项、依据、条件、数量、程序、期限、需要提交的全部材料的目录、申请书和授权委托书等格式文本及填写说明在办公场所公示。

水行政许可实施机关应当逐步推行电子政务，在网站上公示前款所列事项，为申请人采取数据电文等方式提出水行政许可申请、查询水行政许可办理情况和结果等提供必要便利。

水行政许可实施机关应当根据申请人的要求，对公示内容予以说明、解释。

第二十二条 申请人应当按照有关法律、法规、规章要求如实提交申请书、有关证明文件和其他相关材料，并对其申请材料实质内容的真实性负责。水行政许可实施机关不得要求申请人提交与其申请的水行政许可事项无关的技术资料和其他材料。

第二十三条　水行政许可实施机关收到水行政许可申请后，应当对下列事项进行审查：

（一）申请事项是否依法需要取得水行政许可；

（二）申请事项是否属于本机关的职权范围；

（三）申请人是否具有依法不得提出水行政许可申请的情形；

（四）申请材料是否齐全、符合法定形式。

第二十四条　水行政许可实施机关对水行政许可申请审查后，应当根据下列情况分别作出处理：

（一）申请事项依法不需要取得水行政许可的，应当即时制作《水行政许可申请不受理告知书》，告知申请人不受理；

（二）申请事项依法不属于本机关职权范围或者具有依法不得提出水行政许可申请的情形的，应当即时制作《水行政许可申请不予受理决定书》。其中，申请事项依法不属于本机关职权范围的，应当告知申请人向有关行政机关申请；

（三）申请材料存在文字、计算、装订等非实质内容错误的，应当允许申请人当场更正，但应当对更正内容签字或者盖章确认；

（四）申请材料不齐全或者不符合法定形式的，应当当场或者在五日内制作《水行政许可申请补正通知书》，一次告知申请人需要补正的全部内容，逾期不告知的，自收到申请材料之日起即为受理；

（五）申请事项属于本机关职权范围，申请材料齐全、符合法定形式，或者申请人按照要求提交全部补正申请材料的，应当制作《水行政许可申请受理通知书》。

水行政许可实施机关作出的《水行政许可申请受理通知书》、《水行政许可申请不受理告知书》和《水行政许可申请补正通知书》等文书，应当加盖本机关专用印章和注明日期。

第二十五条 省级以上人民政府水行政主管部门可以根据特定水行政许可的特点，规定在本行政区域内，在一定期限内集中受理水行政许可申请，并将受理期限予以公告。

流域管理机构参照前款执行。

第二十六条 流域管理机构可以根据水行政许可的具体情况和便民的需要，委托其所属管理机构或者地方水行政主管部门代为受理水行政许可申请，并予以公告。

第五章 水行政许可的审查、决定、变更和延续

第二十七条 水行政许可实施机关受理水行政许可申请后应当进行审查。审查一般以书面形式进行。

除能够当场作出水行政许可决定的外，根据法定条件和程序，需要对申请材料的实质内容进行核查的，应当指派两名以上工作人员进行。核查过程中需要进行现场检查或者调查询问有关人员的，应当制作笔录，由核查方与被核查方签字确认；被核查方拒绝签字的，应当在笔录中记明。

第二十八条 水行政许可实施机关审查水行政许可申请时，发现该水行政许可事项直接关系他人重大利益的，应当告知申请人和利害关系人。其中，对于申请人和能够确定的利害关系人，应当直接送达《水行政许可陈述和申辩告知书》；利害关系人为不确定多数人的，应当公告告知。

告知书或者公告应当确定申请人和利害关系人陈述和申辩的合理期限，并说明该水行政许可的有关情况，但涉及国家秘密、商业秘密或者个人隐私的部分除外。申请人、利害关系人要求陈述和申辩的，应当听取，并制作笔录。申请人、利害关系人提出的事实、理由经审核成立的，应当采纳。

第二十九条 法律、法规、规章规定实施水行政许可应当听证

的事项，或者水行政许可实施机关认为需要听证的其他涉及公共利益的重大水行政许可事项，水行政许可实施机关应当向社会公告，并举行听证。

水行政许可直接涉及申请人与他人之间重大利益关系的，水行政许可实施机关在作出水行政许可决定前，应当制作《水行政许可听证告知书》，告知申请人、利害关系人享有要求听证的权利。

水行政许可听证的具体规定由国务院水行政主管部门另行制定。

第三十条 办理水行政许可事项的工作人员是申请人、利害关系人的近亲属，或者与申请人、利害关系人有其他关系，可能影响公正的，应当自行申请回避。

申请人认为办理水行政许可事项的工作人员是水行政许可事项的利害关系人或者是利害关系人的近亲属，或者与利害关系人有其他关系，可能影响公正的，有权申请其回避。

利害关系人认为办理水行政许可事项的工作人员是申请人的近亲属，或者与申请人有其他关系，可能影响公正的，有权申请其回避。

办理水行政许可事项的工作人员的回避由水行政许可实施机关内承办该水行政许可的机构负责人决定，承办机构负责人的回避由水行政许可实施机关负责人决定。

第三十一条 水行政许可实施机关可以根据法律、法规、规章的规定和水行政许可的需要，对水行政许可事项进行专家评审或者技术评估，并将评审或者评估意见作为水行政许可决定的参考依据。

水行政许可实施机关可以根据法律、法规、规章的规定和水行政许可的需要，征求有关水行政主管部门或者其他行政机关的意见。

第三十二条 水行政许可实施机关审查水行政许可申请后，除当场作出水行政许可决定的外，应当在法定期限内按照法律、法规、规章和本办法规定的程序作出如下水行政许可决定：

（一）水行政许可申请符合法律、法规、规章规定的条件、标准的，依法作出准予水行政许可的书面决定，制作《准予水行政许可决定书》，并应当在办公场所、指定报刊或者网站上公开，公众有权查阅；

（二）水行政许可申请不符合法律、法规、规章规定的条件、标准的，依法作出不予水行政许可的书面决定，制作《不予水行政许可决定书》，应当说明理由，并告知申请人享有依法申请行政复议或者提起行政诉讼的权利和复议机关、受诉法院、时效等具体事项。

第三十三条 除可以当场作出水行政许可决定的外，水行政许可实施机关应当自受理水行政许可申请之日起二十日内作出水行政许可决定。因水行政许可事项重大、复杂或者具有其他正当理由，二十日内不能作出决定的，经本机关负责人批准，可以延长十日，并应当制作《水行政许可延期告知书》，将延长期限的理由告知申请人。

依照法律、法规、规章规定，应当先经下级水行政许可实施机关审查后，报送上级水行政许可实施机关决定的水行政许可，下级水行政许可实施机关应当按照本办法的规定受理和审查，并应当自受理之日起二十日内将审查意见和全部申请材料，直接报送上级水行政许可实施机关审查决定。上级水行政许可实施机关不得要求申请人重复提供申请材料，并应当自收到下级水行政许可实施机关报送的初步审查意见和全部申请材料之日起二十日内作出水行政许可决定。

法律、法规对水行政许可期限另有规定的，依照其规定。

第三十四条 申请人在水行政许可实施机关作出水行政许可决定之前，可以书面申请撤回水行政许可申请。

第三十五条 水行政许可实施机关作出准予水行政许可的决定，需要颁发水行政许可证件、证书的，应当自作出水行政许可决定之日起十日内向申请人颁发、送达。

第三十六条 水行政许可实施机关作出水行政许可决定，依法需要听证、招标、拍卖、检验、检测、鉴定、评估和专家评审的，所需时间不计算在本办法规定的期限内，但应当制作《水行政许可除外时间告知书》，将所需时间书面告知申请人。

第三十七条　水行政许可的适用范围没有地域限制的，申请人取得的水行政许可在全国范围内有效；水行政许可的适用范围有地域限制的，《准予水行政许可决定书》或者水行政许可证件、证书上应当注明。

水行政许可有期限的，《准予水行政许可决定书》或者水行政许可证件、证书上应当注明其有效期限。

第三十八条　水行政许可实施机关应当依照民事诉讼法的有关规定，送达水行政许可法律文书、证件和证书。

第三十九条　被许可人在取得水行政许可后，因姓名（名称）、住所、法定代表人（主要负责人）等发生变化，要求变更水行政许可事项的，应当向作出水行政许可决定的水行政许可实施机关提出变更申请，并提交有关证明文件。

水行政许可实施机关应当对变更申请进行审查，并于收到变更申请之日起十日内作出决定。符合法定条件、标准的，应当准予变更，制作《准予变更水行政许可决定书》，并依法办理变更手续；因有关事项的变更，会导致被许可人不再符合法律、法规、规章规定的准予水行政许可的条件、标准的，水行政许可实施机关不得准予变更，并制作《不予变更水行政许可决定书》。

依法取得的水行政许可，不得转让。法律、法规另有规定的除外。

第四十条　被许可人需要延续依法取得的水行政许可的有效期限的，应当在该水行政许可有效期届满三十日前向作出水行政许可决定的水行政许可实施机关提出申请。但是，法律、法规、规章另有规定的，依照其规定。

水行政许可实施机关对延续申请进行审查后，应当作出决定。仍符合取得水行政许可的条件的，准予延续，制作《准予延续水行政许可决定书》；不再符合取得水行政许可的条件的，不予延续，制作《不予延续水行政许可决定书》。

前款决定应当在该水行政许可有效期届满前作出；逾期未作决定的，视为准予延续。

第四十一条 水行政许可实施机关不得擅自改变已经生效的水行政许可。

水行政许可所依据的法律、法规、规章修改或者废止，或者准予水行政许可所依据的客观情况发生重大变化的，为了公共利益的需要，水行政许可实施机关可以依法变更或者撤回已经生效的水行政许可。由此给公民、法人或者其他组织造成财产损失的，应当依法给予补偿。

第六章 水行政许可的费用

第四十二条 水行政许可实施机关实施水行政许可和对水行政许可事项进行监督检查，不得收取任何费用。但是，法律、行政法规另有规定的，依照其规定。

水行政许可实施机关提供水行政许可申请书等格式文本，不得收费。

水行政许可实施机关实施水行政许可所需经费，应当列入本机关年度预算，实行预算管理。

第四十三条 水行政许可实施机关实施水行政许可，依照法律、行政法规收取费用的，应当按照公布的法定项目和标准收费；所收取的费用必须全部上缴国库，不得以任何形式截留、挪用、私分或者变相私分。

第七章 水行政许可的监督检查

第四十四条 上级水行政主管部门应当采取执法检查、处理投诉、责任追究或者个案督办等方式加强对下级水行政许可实施机关实施水行政许可的监督检查，及时纠正水行政许可实施中的违法行为。

第四十五条 水行政许可实施机关应当建立健全监督制度，按照管理权限和职责分工，对公民、法人或者其他组织从事水行政许可事项的活动履行监督检查责任。

省、自治区、直辖市人民政府水行政主管部门应当依法明确本行政区域内各级水行政主管部门的具体监督检查职责，流域管理机构应当依法明确其下属管理机构的具体监督检查职责。

第四十六条 监督检查一般采用核查反映被许可人从事水行政许可事项活动情况的有关材料进行。可以根据监督检查的需要对被许可人生产经营场所依法进行实地检查。检查时，可以依法查阅或者要求被许可人报送有关材料；被许可人应当如实提供有关情况和材料。

水行政许可实施机关依法实施监督检查时，应当将监督检查的情况和处理结果予以记录，由监督检查人员签字后归档，公众有权查阅。

第四十七条 水行政许可实施机关实施监督检查，不得妨碍被许可人正常的生产经营活动，不得索取或者收受被许可人的财物，不得谋取其他利益，并应当保守与此有关的国家秘密、商业秘密和个人隐私。

第四十八条 被许可人在作出水行政许可决定的水行政许可实施机关管辖区域外违法从事水行政许可事项活动的，由违法行为发生地的水行政许可实施机关按照管辖权限依法进行处理，并于五日内将被许可人的违法事实、处理结果抄告作出水行政许可决定的水行政许可实施机关。

第四十九条 任何个人和组织发现违法从事水行政许可事项的活动，有权向水行政许可实施机关举报，水行政许可实施机关应当及时核实、处理。

第五十条 有下列情形之一的，作出水行政许可决定的水行政许可实施机关，或者其上级水行政主管部门，根据利害关系人的请求或者依据职权，可以撤销水行政许可：

（一）水行政许可实施机关工作人员滥用职权、玩忽职守作出准予水行政许可决定的；

（二）超越法定职权作出准予水行政许可决定的；

（三）违反法定程序作出准予水行政许可决定的；

（四）对不具备申请资格或者不符合法定条件的申请人准予水行政许可的；

（五）依照法律、法规、规章可以撤销水行政许可的其他情形。

被许可人以欺骗、贿赂等不正当手段取得水行政许可的，应当予以撤销。

依照前两款的规定撤销水行政许可，可能对公共利益造成重大损害的，不予撤销。

依照本条第一款的规定撤销水行政许可，被许可人的合法权益受到损害的，应当依法给予赔偿。依照本条第二款的规定撤销水行政许可的，被许可人基于水行政许可取得的利益不受保护。

第五十一条 有下列情形之一的，水行政许可实施机关应当依法办理有关水行政许可的注销手续：

（一）水行政许可有效期届满未申请延续或者未获准延续的；

（二）赋予公民特定资格的水行政许可，该公民死亡或者丧失行为能力的；

（三）法人或者其他组织依法终止的；

（四）水行政许可依法被撤销、撤回，或者水行政许可证件、证书等依法被吊销的；

（五）因不可抗力导致水行政许可事项无法实施的；

（六）法律、法规规定的应当注销水行政许可的其他情形。

第八章 法律责任

第五十二条 县级以上地方人民政府水行政主管部门，违反《行政许可法》第十七条规定设定水行政许可的，有关机关应当责令其限期改正或者依法予以撤销。

流域管理机构有前款行为的，由国务院水行政主管部门依照前款处理。

第五十三条　水行政许可实施机关及其工作人员违法实施水行政许可的，依照《行政许可法》第七十二条、第七十三条、第七十四条、第七十五条、第七十七条规定予以处理。

第五十四条　水行政许可实施机关违法实施水行政许可，给当事人的合法权益造成损害的，应当依照国家赔偿法的规定给予赔偿。

水行政许可实施机关因违法实施水行政许可承担赔偿责任的，可以责令有故意或者重大过失的主管人员以及直接责任人员承担部分或者全部赔偿费用。

第五十五条　水行政许可申请人隐瞒有关情况或者提供虚假材料申请水行政许可的，水行政许可实施机关应当不予受理或者不予水行政许可，并给予警告；水行政许可申请属于直接关系防洪安全、水利工程安全、水生态环境安全、人民群众生命财产安全事项的，申请人在一年内不得再次申请该水行政许可。

第五十六条　被许可人以欺骗、贿赂等不正当手段取得水行政许可的，除可能对公共利益造成重大损害的，水行政许可实施机关应当予以撤销，并给予警告。被许可人从事非经营活动的，可以处一千元以下罚款；被许可人从事经营活动，有违法所得的，可以处违法所得三倍以下罚款，但是最高不得超过三万元，没有违法所得的，可以处一万元以下罚款，法律、法规另有规定的除外。取得的水行政许可属于直接关系防洪安全、水利工程安全、水生态环境安全、人民群众生命财产安全事项的，申请人在三年内不得再次申请该水行政许可；构成犯罪的，依法追究刑事责任。

第五十七条　被许可人有《行政许可法》第八十条规定的行为之一的，水行政许可实施机关根据情节轻重，应当给予警告或者降低水行政许可资格（质）等级。被许可人从事非经营活动的，可以处一千元以下罚款；被许可人从事经营活动，有违法所得的，可以处违法所得三倍以下罚款，但是最高不得超过三万元，没有违法所得的，可以处一万元以下罚款，法律、法规另有规定的除外；构成犯罪的，依法追究刑事责任。

第五十八条 公民、法人或者其他组织未经水行政许可，擅自从事依法应当取得水行政许可的活动的，水行政许可实施机关应当责令停止违法行为，并给予警告。当事人从事非经营活动的，可以处一千元以下罚款；当事人从事经营活动，有违法所得的，可以处违法所得三倍以下罚款，但是最高不得超过三万元，没有违法所得的，可以处一万元以下罚款，法律、法规另有规定的除外；构成犯罪的，依法追究刑事责任。

第九章 附 则

第五十九条 本办法规定的水行政许可实施机关实施水行政许可的期限以工作日计算，不含法定节假日。

第六十条 水行政许可法律文书示范格式文本由国务院水行政主管部门另行制定。

第六十一条 本办法由国务院水行政主管部门负责解释。

第六十二条 本办法自发布之日起施行。

气象行政许可实施办法

（2017年1月18日中国气象局令第33号公布 自2017年5月1日起施行）

第一章 总 则

第一条 为了规范气象行政许可行为，保护公民、法人和其他组织的合法权益，保障和监督气象主管机构有效实施行政管理，根据《中华人民共和国行政许可法》、《中华人民共和国气象法》、《人工影响天气管理条例》、《通用航空飞行管制条例》、《气象灾害防御条例》、《气象设施和气象探测环境保护条例》等有关法律、法规的规定，制定本办法。

第二条 本办法所称气象行政许可，是指县级以上气象主管机构根据公民、法人或者其他组织的申请，经依法审查，准予其从事特定活动的行为。

第三条 实施气象行政许可，适用本办法。

第四条 实施气象行政许可，遵循公开、公平、公正的原则。

气象行政许可的规定、技术标准和技术规范应当公布；未经公布的，不得作为实施气象行政许可的依据。气象行政许可的实施和结果，除涉及国家秘密、商业秘密或者个人隐私的外，应当公开。

符合法定条件、标准的，申请人有依法取得气象行政许可的权利。

第五条 实施气象行政许可，应当遵循便民、高效原则，提供优质服务，提高办事效率。

第六条 公民、法人或者其他组织对气象主管机构实施的气象行政许可，享有陈述权、申辩权；有权依法申请行政复议或者提起行政诉讼；其合法权益受到损害的，有权依法要求赔偿。

第七条 依法取得的行政许可，除法律、法规规定依照法定条件和程序可以转让的外，不得转让。

被许可人不得涂改、伪造、倒卖、出租、出借气象行政许可证件或者以其他形式非法转让气象行政许可。

第八条 气象主管机构实施气象行政许可，不得在法定条件之外附加其他条件，不得向申请人提出购买指定产品、接受有偿服务等不正当要求。

气象主管机构及其工作人员办理气象行政许可或者实施监督检查，不得索取或者收受申请人财物，不得谋取其他利益。

第二章　许可项目与实施机关

第九条　气象行政许可由县级以上气象主管机构依照法定的权限、条件和程序在法定职权范围内实施。

第十条　下列气象行政许可项目由国务院气象主管机构实施：

（一）大气本底站、国家基准气候站、国家基本气象站迁建审批；

（二）气象专用技术装备（含人工影响天气作业设备）使用审批；

（三）外国组织和个人在华从事气象活动审批；

（四）法律、行政法规规定的由国务院气象主管机构实施的其他气象行政许可项目。

电力、通信防雷装置检测单位资质认定由国务院气象主管机构和国务院电力或者国务院通信主管部门共同认定。

第十一条　下列气象行政许可项目由省、自治区、直辖市气象主管机构实施：

（一）除电力、通信以外的防雷装置检测单位资质认定；

（二）升放无人驾驶自由气球、系留气球单位资质认定；

（三）防雷装置设计审核和竣工验收；

（四）新建、扩建、改建建设工程避免危害气象探测环境审批；

（五）除大气本底站、国家基准气候站、国家基本气象站以外的气象台站迁建审批；

（六）升放无人驾驶自由气球或者系留气球活动审批；

（七）法律、法规、地方政府规章规定的由省、自治区、直辖市气象主管机构实施的其他气象行政许可项目。

第十二条　下列气象行政许可项目由设区的市级气象主管机构实施：

（一）防雷装置设计审核和竣工验收；

（二）升放无人驾驶自由气球、系留气球单位资质认定；

（三）升放无人驾驶自由气球或者系留气球活动审批；

（四）法律、法规、地方政府规章规定的由设区的市级气象主管机构实施的其他气象行政许可项目。

第十三条 下列气象行政许可项目由县级气象主管机构实施：

（一）防雷装置设计审核和竣工验收；

（二）升放无人驾驶自由气球或者系留气球活动审批；

（三）法律、法规、地方政府规章规定的由县级气象主管机构实施的其他气象行政许可项目。

第十四条 防雷装置设计审核和竣工验收，升放无人驾驶自由气球、系留气球单位资质认定，升放无人驾驶自由气球或者系留气球活动审批等气象行政许可项目的审批权限，由省、自治区、直辖市气象主管机构在法定权限内确定。

第三章 实施程序

第十五条 公民、法人或者其他组织从事特定活动，依法需要取得气象行政许可的，应当向有关气象主管机构提出申请。申请书需要采用格式文本的，气象主管机构应当向申请人提供气象行政许可申请书格式文本。申请书格式文本中不得包含与申请气象行政许可事项没有直接关系的内容。

申请人可以委托代理人提出气象行政许可申请，委托代理人提出气象行政许可申请的，应当提交授权委托书。授权委托书应当载明授权委托事项、授权范围和时限。

第十六条 建立气象行政许可服务窗口的气象主管机构，由该服务窗口负责统一受理气象行政许可申请，统一送达气象行政许可决定；没有建立服务窗口的，应当由该气象主管机构确定的机构设立专门岗位负责统一受理气象行政许可申请，统一送达气象行政许可决定。

第十七条 气象主管机构应当将法律、法规、规章规定的有关气象行政许可的事项、依据、条件、数量、程序、期限以及需要提交的全部材料的目录和申请书示范文本等信息通过网站或者其他方式向社会公开，便于申请人查询和办理。

申请人要求气象主管机构对公示内容予以说明、解释的，气象主管机构应当说明、解释，提供准确、可靠的信息。

第十八条 申请人申请气象行政许可，应当如实向气象主管机构提交有关材料和反映真实情况，并对其申请材料实质内容的真实性负责。气象主管机构不得要求申请人提交与其申请的气象行政许可事项无关的技术资料和其他材料。

办理气象行政许可的工作人员在收到申请人提交的申请材料后，除依法可以当场作出不予受理决定外，应当及时将收到行政许可申请时间、申请人、申请事项、提交材料情况等进行登记。

第十九条 气象主管机构对申请人提出的气象行政许可申请，应当根据下列情况分别作出处理：

（一）申请事项依法不需要取得气象行政许可的，应当即时告知申请人不受理；

（二）申请事项依法不属于本气象主管机构职权范围的，应当即时作出不予受理的决定，并告知申请人向有关行政机关申请；

（三）申请材料存在可以当场更正的错误的，应当允许申请人当场更正；

（四）申请材料不齐全或者不符合法定形式的，应当当场或者在五日内一次告知申请人需要补正的全部内容，逾期不告知的，自收到申请材料之日起即为受理；

（五）申请事项属于本气象主管机构职权范围，申请材料齐全、符合法定形式或者申请人按照本气象主管机构的要求提交全部补正申请材料的，应当受理行政许可申请。

气象主管机构受理或者不予受理行政许可申请，应当出具加盖本气象主管机构专用印章和注明日期的书面凭证。不予受理的，还应当说明理由。

第二十条 申请人提交的申请材料齐全、符合法定形式、气象主管机构能够当场作出决定的，应当当场作出书面的行政许可决定。需要对申请材料的实质内容进行核实的，应当指派两名以上工作人员进行核查，制作现场核查记录，并由核查人员和被核查方签字确认。

第二十一条　依法应当先经下级气象主管机构审查后报上级气象主管机构决定的气象行政许可，下级气象主管机构受理申请后，应当在法定期限内进行初步审查，审查完毕后将初审建议和全部申请材料直接报送上级气象主管机构。上级气象主管机构不得要求申请人重复提供申请材料。

第二十二条　气象主管机构在审查气象行政许可申请时，涉及专业知识或者技术问题需要评审、评价或者检测的，可以委托专业机构或者专家进行评审、评价或者检测，并由专业机构或者专家出具评审、评价建议或者检测报告。

气象主管机构应当参考评审、评价建议或者检测报告作出行政许可决定。

第二十三条　法律、法规、规章规定实施气象行政许可应当听证的事项，或者气象主管机构认为需要听证的其他涉及公共利益的重大气象行政许可事项，气象主管机构应当向社会公告，并按照《中华人民共和国行政许可法》的有关规定举行听证。

第二十四条　申请人的申请符合法定条件的，气象主管机构应当依法作出准予行政许可的书面决定。气象主管机构依法作出不予行政许可的书面决定的，应当说明理由，并告知申请人享有依法申请行政复议或者提起行政诉讼的权利。

第二十五条　气象主管机构作出准予行政许可的决定，依法需要颁发行政许可证件的，应当向申请人颁发加盖本气象主管机构印章的行政许可证件。

气象行政许可证件可以采取以下形式：

（一）许可证或者其他许可证书；

（二）资质证或者其他合格证书；

（三）批准文件或者证明文件；

（四）法律、法规规定的其他行政许可证件。

第二十六条　除当场作出行政许可决定的外，气象主管机构应当自受理气象行政许可申请之日起二十日内作出行政许可决定。二十日内不能作出决定的，经本气象主管机构负责人批准，可以延长十日，并应当将延长期限的理由告知申请人。

先经下级气象主管机构审查后报上级气象主管机构决定的气象行政许可，下级气象主管机构应当自其受理气象行政许可申请之日起二十日内审查完毕。

依法需要听证、评审、评价、检测、鉴定的，应当在受理气象行政许可申请之日起三个月内进行，所需时间不计算在本办法规定的期限内，但应当将所需时间书面告知申请人。

法律、法规另有规定的，依照其规定。

第二十七条　被许可人要求变更气象行政许可事项，符合法定条件、标准的，作出行政许可决定的气象主管机构应当在受理申请之日起二十日内依法办理变更手续，并作出准予变更行政许可的决定；不符合法定条件、标准的，应当作出不予变更行政许可的决定。

第二十八条　被许可人需要延续依法取得的气象行政许可的有效期的，应当在该行政许可有效期届满三十日前向作出行政许可决定的气象主管机构提出申请。法律、法规、规章另有规定的，依照其规定。

气象主管机构应当根据被许可人的申请，在该行政许可有效期届满前作出是否准予延续的决定；逾期未作决定的，视为准予延续。

第四章　监督管理

第二十九条　气象主管机构应当对公民、法人或者其他组织从事气象行政许可事项的活动实施监督检查。

气象主管机构依法对被许可人从事行政许可事项的活动进行检查时，应当将检查的情况和处理结果予以记录，由执法检查人员签字后归档。除涉及国家秘密、商业秘密或者个人隐私事项外，公众有权查阅执法检查记录。

第三十条 上级气象主管机构应当加强对下级气象主管机构实施行政许可的监督检查,及时纠正实施气象行政许可过程中的违法行为。

气象主管机构的内设机构承担具体业务范围内行政许可的监督检查工作,并以本级气象主管机构的名义开展监督检查。

第三十一条 公民、法人或者其他组织发现违法从事气象行政许可事项活动的,有权向气象主管机构举报,气象主管机构应当及时核实、处理。

第三十二条 被许可人在作出行政许可决定的气象主管机构管辖区域外违法从事气象行政许可事项活动的,违法行为发生地的气象主管机构应当依法作出处理,并将被许可人的违法事实、处理结果抄告作出行政许可决定的气象主管机构。

第三十三条 气象主管机构在执法检查时,发现直接关系公共安全、人身健康、生命财产安全的重要设备、设施存在安全隐患的,应当责令停止使用,并限期改正。

第三十四条 有下列情形之一的,作出行政许可决定的气象主管机构或者其上级气象主管机构,根据利害关系人的请求或者依据职权,可以撤销气象行政许可:

(一)气象主管机构工作人员滥用职权、玩忽职守作出准予行政许可决定的;

(二)超越法定职权作出准予行政许可决定的;

(三)违反法定程序作出准予行政许可决定的;

(四)对不具备申请资格或者不符合法定条件的申请人准予行政许可的;

(五)依法可以撤销气象行政许可的其他情形。

依照本条第一款的规定撤销气象行政许可,被许可人的合法权益受到损害的,气象主管机构应当依法给予赔偿。

被许可人以欺骗、贿赂等不正当手段取得气象行政许可的,应当予以撤销。被许可人基于气象行政许可取得的利益不受保护。

第三十五条　有下列情形之一的，气象主管机构应当依法办理有关气象行政许可的注销手续。注销行政许可，应当作出书面决定，并告知申请人注销的理由和依据：

（一）气象行政许可有效期届满未延续的；

（二）法人或者其他组织依法终止的；

（三）气象行政许可依法被撤销、撤回，或者气象行政许可证件依法被吊销的；

（四）因不可抗力导致气象行政许可事项无法实施的；

（五）法律、法规规定的应当注销气象行政许可的其他情形。

第五章　法律责任

第三十六条　气象主管机构及其工作人员违反本办法的规定，有下列情形之一的，由其上级气象主管机构责令改正；情节严重的，对直接负责的主管人员和其他直接责任人员依法给予行政处分：

（一）对符合法定条件的气象行政许可不予受理的；

（二）不在办公场所公示应当公示的材料的；

（三）在受理、审查、决定气象行政许可过程中，未向申请人履行法定告知义务的；

（四）申请人提交的申请材料不齐全、不符合法定形式，不一次告知申请人必须补正全部内容的；

（五）未依法说明不受理气象行政许可申请或者不予气象行政许可理由的；

（六）依法应当举行听证而不举行听证的。

第三十七条　气象主管机构工作人员办理气象行政许可、实施监督检查，索取或者收受他人财物或者谋取其他利益，构成犯罪的，依法追究刑事责任；尚不构成犯罪的，依法给予行政处分。

第三十八条　气象主管机构实施行政许可，有下列情形之一的，由其上级气象主管机构责令改正，对直接负责的主管人员和其他直接责任人员依法给予行政处分；构成犯罪的，依法追究刑事责任：

（一）对不符合法定条件的申请人准予行政许可或者超越法定职权作出准予行政许可决定的；

（二）对符合法定条件的申请人不予行政许可或者不在法定期限内作出准予行政许可决定的。

第三十九条 申请人隐瞒有关情况或者提供虚假材料申请气象行政许可的，气象主管机构不予受理或者不予行政许可，并给予警告；气象行政许可申请属于施放气球、雷电防护等直接关系公共安全、人身健康、生命财产安全事项的，申请人在一年内不得再次申请该气象行政许可。

第四十条 被许可人以欺骗、贿赂等不正当手段取得气象行政许可的，气象主管机构应当撤销该行政许可，可并处三万元以下的罚款；取得的气象行政许可属于施放气球、雷电防护等直接关系公共安全、人身健康、生命财产安全事项的，申请人在三年内不得再次申请该气象行政许可；构成犯罪的，依法追究刑事责任。

第四十一条 被许可人有下列行为之一的，由有关气象主管机构按照权限给予警告，责令改正，撤销该气象行政许可，可以并处三万元以下的罚款；构成犯罪的，依法追究刑事责任：

（一）涂改、伪造、倒卖、出租、出借气象行政许可证件，或者以其他形式非法转让气象行政许可的；

（二）超越气象行政许可范围进行活动的；

（三）向负责监督检查的气象主管机构隐瞒有关情况、提供虚假材料或者拒绝提供反映其活动情况的真实材料的。

第四十二条 公民、法人或者其他组织未经行政许可，擅自从事依法应当取得气象行政许可的活动的，由有关气象主管机构依照有关法律法规规章进行处罚。

第六章 附 则

第四十三条 气象主管机构实施行政许可和对行政许可进行监

督检查，不得收取任何费用。但是，法律、行政法规另有规定的，依照其规定。

实施气象行政许可所需经费应当列入气象主管机构的财政预算，由财政予以保障。

第四十四条 本办法规定的气象主管机构实施气象行政许可的期限以工作日计算，不含法定节假日。

第四十五条 本办法未作规定的事项，按照《中华人民共和国行政许可法》的有关规定执行。

有关部门规章对气象行政许可有特殊规定的，依照其规定。

台湾、香港、澳门地区的组织和个人在中华人民共和国领域及其管辖的其他海域单独或者合作从事气象活动，参照本办法执行。

第四十六条 本办法自2017年5月1日起施行。2006年11月24日公布的中国气象局第15号令《气象行政许可实施办法》和2008年10月9日公布的中国气象局第17号令《中国气象局关于修改〈气象行政许可实施办法〉的决定》同时废止。

档案行政许可程序规定

（2005年5月17日国家档案局令第7号公布　自2005年7月1日起施行）

第一章　总　　则

第一条 为了规范档案行政许可行为，保障和监督档案行政管理部门有效实施行政管理，保护公民、法人或者其他组织的合法权益，根据《中华人民共和国行政许可法》、《中华人民共和国档案法》和《中华人民共和国档案法实施办法》，制定本规定。

第二条 县级以上人民政府的档案行政管理部门（以下简称档案行政管理部门）实施档案行政许可适用本规定。

第三条 档案行政管理部门依照法定的权限、范围、条件和程序实施行政许可。

第四条 档案行政管理部门实施行政许可，遵循公开、公平、公正、便民和高效的原则。

第二章 申请与受理

第五条 档案行政许可实行统一受理制度，档案行政管理部门的法制工作机构（以下简称受理部门）办理行政许可受理事项。

第六条 档案行政管理部门应当在办公场所或网站公示办理行政许可需要提交的申请书示范文本和全部申请材料目录。

申请人要求对公示内容予以说明、解释的，受理部门应当说明、解释，提供准确、可靠的信息。

第七条 申请书主要应当载明以下事项：

（一）申请单位名称或个人姓名、地址、联系方式；

（二）档案名称、内容、规格、数量；

（三）档案移转方式（出卖、转让、赠送、交换、携带出境）和事由；

（四）申请单位或个人意见（盖章）；

（五）档案或档案的复制件有受让单位的，应注明受让单位名称或个人姓名、地址、联系方式；

（六）受理部门认为必须载明的其他事项。

第八条 申请人提交申请材料，应当出示单位介绍信、身份证等身份证明文件，受理部门应当予以核对。

申请人委托他人提交申请材料的，受托人应当提交授权委托书，出示受托人的身份证明文件。

申请人通过信函等方式提交申请材料的，应当附上详细、准确的联系方式并确定送达方式。

第九条 受理部门接到申请材料后，应当根据下列情形分别作出处理：

（一）申请材料符合标准的，必须即时受理，并填写档案行政许可申请材料接收凭证和档案行政许可受理通知书；

（二）申请事项依法不需要取得行政许可或者申请事项依法不属于档案行政管理部门职权范围的，应当即时告知申请人不予受理，并出具档案行政许可不予受理通知书；

（三）申请材料存在可以当场更正的错误的，应当允许申请人当场更正；

（四）申请材料不齐全或者不符合法定形式的，应当填写档案行政许可补正材料通知书，将需要补齐补正材料的全部内容、要求当场告知申请人。

以信函等方式提交申请材料的，受理部门应当自接到申请材料之日起五日内作出相应处理。

第三章 审查与决定

第十条 档案行政管理部门可以指定受理部门或其他部门办理行政许可审查事项。

受理部门与审查部门不是同一部门的，受理部门决定受理后应当及时办理登记手续，并立即将申请材料移交审查部门。

第十一条 审查部门接到申请材料后，应当按照内部工作流程对申请人提交的申请材料及时进行审查。

审查部门在审查申请材料过程中，必要时应当征询相关部门意见。

第十二条 审查部门对行政许可申请进行审查后提出处理意见，报档案行政管理部门负责人同意后，依法作出行政许可决定：

（一）对符合法定条件和标准的行政许可申请，制作准予档案行政许可决定书，发送申请人；

（二）对不符合法定条件和标准，或者申请人隐瞒有关情况、提供虚假材料申请行政许可的，制作不予档案行政许可决定书，发送申请人，说明理由并告知申请人享有依法申请行政复议或者提起行政诉讼的权利。

第十三条　档案行政管理部门根据利害关系人的请求或者依据职权，可以依法撤销行政许可，制作撤销档案行政许可决定书，发送被许可人。

第四章　期限与送达

第十四条　档案行政管理部门应当自受理行政许可申请之日起二十日内作出行政许可决定。

情况复杂，不能在规定期限内作出决定的，经档案行政管理部门负责人批准，可以延长十日，并制作档案行政许可延期通知书，发送申请人，说明延期理由。

第十五条　档案行政管理部门作出准予或者不予行政许可决定，应当自作出决定之日起十日内向申请人送达准予行政许可或者不予行政许可的书面决定。

第十六条　行政许可文件可以通过邮寄、公告等方式送达申请人。

申请人在接到领取通知五日内不领取行政许可文件且受理部门无法通过邮寄等方式送达的，可以公告送达。自公告之日起，经过六十日，即视为送达。

第五章　附　　则

第十七条　档案行政管理部门在办公场所或网站公示申请材料目录，应当按照《档案行政许可申请材料目录》（见附件1）执行。

档案行政管理部门制作档案行政许可文书，应当按照《档案行政许可文书示范文本》（见附件2）执行，统一编号并加盖档案行政管理部门行政许可专用章。

第十八条　对于非行政许可类的审批项目，档案行政管理部门可以参照本规定执行。

第十九条 本规定所称的档案行政管理部门受理行政许可和作出决定的期限以工作日计算，不含法定节假日。

第二十条 本规定自2005年7月1日起施行。

附件1

档案行政许可申请材料目录

行政许可名称	行政许可依据	申请材料目录
对出卖、转让、赠送集体所有、个人所有以及其他不属于国家所有的对国家和社会具有保存价值的或者应当保密的档案的审批	档案法第十六条；档案法实施办法第十七条	1. 申请书； 2. 申请单位介绍信或个人身份证明文件及复印件； 3. 受让单位或个人出具的意见书； 4. 档案的复制件。
对向国内外的单位或者个人赠送、交换、出卖国家所有档案的复制件的审批	档案法第十七条；档案法实施办法第十八条	1. 申请书； 2. 申请单位介绍信； 3. 受让单位或个人出具的意见书（中文或含中文译文）； 4. 档案的复制件。
对携带、运输、邮寄档案出境的审批	档案法第十八条；档案法实施办法第十九条	1. 申请书； 2. 申请单位介绍信或个人身份证明文件及复印件； 3. 境外单位出具的邀请函或意见书（中文或含中文译文）； 4. 档案的复制件。

附件2

档案行政许可文书示范文本（略）

目 录

一、档案行政许可申请材料接收凭证
二、档案行政许可受理通知书（行政许可法第三十二条）
三、档案行政许可不予受理通知书（行政许可法第三十二条）
四、档案行政许可补正材料通知书（行政许可法第三十二条）
五、准予档案行政许可决定书（行政许可法第三十八条）
六、不予档案行政许可决定书（行政许可法第三十八条）
七、撤销档案行政许可决定书（行政许可法第六十九条）
八、档案行政许可延期通知书（行政许可法第四十二条）

劳务派遣行政许可实施办法

（2013年6月20日人力资源和社会保障部令第19号公布 自2013年7月1日起施行）

第一章 总 则

第一条 为了规范劳务派遣，根据《中华人民共和国劳动合同法》《中华人民共和国行政许可法》等法律，制定本办法。

第二条 劳务派遣行政许可的申请受理、审查批准以及相关的监督检查等，适用本办法。

第三条 人力资源社会保障部负责对全国的劳务派遣行政许可工作进行监督指导。

县级以上地方人力资源社会保障行政部门按照省、自治区、直辖市人力资源社会保障行政部门确定的许可管辖分工，负责实施本行政区域内劳务派遣行政许可工作以及相关的监督检查。

第四条 人力资源社会保障行政部门实施劳务派遣行政许可，应当遵循权责统一、公开公正、优质高效的原则。

第五条 人力资源社会保障行政部门应当在本行政机关办公场所、网站上公布劳务派遣行政许可的依据、程序、期限、条件和需要提交的全部材料目录以及监督电话，并在本行政机关网站和至少一种全地区性报纸上向社会公布获得许可的劳务派遣单位名单及其许可变更、延续、撤销、吊销、注销等情况。

第二章 劳务派遣行政许可

第六条 经营劳务派遣业务，应当向所在地有许可管辖权的人力资源社会保障行政部门（以下称许可机关）依法申请行政许可。

未经许可，任何单位和个人不得经营劳务派遣业务。

第七条 申请经营劳务派遣业务应当具备下列条件：

（一）注册资本不得少于人民币200万元；

（二）有与开展业务相适应的固定的经营场所和设施；

（三）有符合法律、行政法规规定的劳务派遣管理制度；

（四）法律、行政法规规定的其他条件。

第八条 申请经营劳务派遣业务的，申请人应当向许可机关提交下列材料：

（一）劳务派遣经营许可申请书；

（二）营业执照或者《企业名称预先核准通知书》；

（三）公司章程以及验资机构出具的验资报告或者财务审计报告；

（四）经营场所的使用证明以及与开展业务相适应的办公设施设备、信息管理系统等清单；

（五）法定代表人的身份证明；

（六）劳务派遣管理制度，包括劳动合同、劳动报酬、社会保险、工作时间、休息休假、劳动纪律等与劳动者切身利益相关的规章制度文本；拟与用工单位签订的劳务派遣协议样本。

第九条　许可机关收到申请材料后，应当根据下列情况分别作出处理：

（一）申请材料存在可以当场更正的错误的，应当允许申请人当场更正；

（二）申请材料不齐全或者不符合法定形式的，应当当场或者在5个工作日内一次告知申请人需要补正的全部内容，逾期不告知的，自收到申请材料之日起即为受理；

（三）申请材料齐全、符合法定形式，或者申请人按照要求提交了全部补正申请材料的，应当受理行政许可申请。

第十条　许可机关对申请人提出的申请决定受理的，应当出具《受理决定书》；决定不予受理的，应当出具《不予受理决定书》，说明不予受理的理由，并告知申请人享有依法申请行政复议或者提起行政诉讼的权利。

第十一条　许可机关决定受理申请的，应当对申请人提交的申请材料进行审查。根据法定条件和程序，需要对申请材料的实质内容进行核实的，许可机关应当指派2名以上工作人员进行核查。

第十二条　许可机关应当自受理之日起20个工作日内作出是否准予行政许可的决定。20个工作日内不能作出决定的，经本行政机关负责人批准，可以延长10个工作日，并应当将延长期限的理由告知申请人。

第十三条　申请人的申请符合法定条件的，许可机关应当依法作出准予行政许可的书面决定，并自作出决定之日起5个工作日内通知申请人领取《劳务派遣经营许可证》。

申请人的申请不符合法定条件的,许可机关应当依法作出不予行政许可的书面决定,说明不予行政许可的理由,并告知申请人享有依法申请行政复议或者提起行政诉讼的权利。

第十四条 《劳务派遣经营许可证》应当载明单位名称、住所、法定代表人、注册资本、许可经营事项、有效期限、编号、发证机关以及发证日期等事项。《劳务派遣经营许可证》分为正本、副本。正本、副本具有同等法律效力。

《劳务派遣经营许可证》有效期为3年。

《劳务派遣经营许可证》由人力资源社会保障部统一制定样式,由各省、自治区、直辖市人力资源社会保障行政部门负责印制、免费发放和管理。

第十五条 劳务派遣单位取得《劳务派遣经营许可证》后,应当妥善保管,不得涂改、倒卖、出租、出借或者以其他形式非法转让。

第十六条 劳务派遣单位名称、住所、法定代表人或者注册资本等改变的,应当向许可机关提出变更申请。符合法定条件的,许可机关应当自收到变更申请之日起10个工作日内依法办理变更手续,并换发新的《劳务派遣经营许可证》或者在原《劳务派遣经营许可证》上予以注明;不符合法定条件的,许可机关应当自收到变更申请之日起10个工作日内作出不予变更的书面决定,并说明理由。

第十七条 劳务派遣单位分立、合并后继续存续,其名称、住所、法定代表人或者注册资本等改变的,应当按照本办法第十六条规定执行。

劳务派遣单位分立、合并后设立新公司的,应当按照本办法重新申请劳务派遣行政许可。

第十八条 劳务派遣单位需要延续行政许可有效期的,应当在有效期届满60日前向许可机关提出延续行政许可的书面申请,并提交3年以来的基本经营情况;劳务派遣单位逾期提出延续行政许可的书面申请的,按照新申请经营劳务派遣行政许可办理。

第十九条 许可机关应当根据劳务派遣单位的延续申请,在该行政许可有效期届满前作出是否准予延续的决定；逾期未作决定的，视为准予延续。

准予延续行政许可的，应当换发新的《劳务派遣经营许可证》。

第二十条　劳务派遣单位有下列情形之一的，许可机关应当自收到延续申请之日起10个工作日内作出不予延续书面决定，并说明理由：

（一）逾期不提交劳务派遣经营情况报告或者提交虚假劳务派遣经营情况报告，经责令改正，拒不改正的；

（二）违反劳动保障法律法规，在一个行政许可期限内受到2次以上行政处罚的。

第二十一条　劳务派遣单位设立子公司经营劳务派遣业务的，应当由子公司向所在地许可机关申请行政许可；劳务派遣单位设立分公司经营劳务派遣业务的，应当书面报告许可机关，并由分公司向所在地人力资源社会保障行政部门备案。

第三章　监督检查

第二十二条　劳务派遣单位应当于每年3月31日前向许可机关提交上一年度劳务派遣经营情况报告，如实报告下列事项：

（一）经营情况以及上年度财务审计报告；

（二）被派遣劳动者人数以及订立劳动合同、参加工会的情况；

（三）向被派遣劳动者支付劳动报酬的情况；

（四）被派遣劳动者参加社会保险、缴纳社会保险费的情况；

（五）被派遣劳动者派往的用工单位、派遣数量、派遣期限、用工岗位的情况；

（六）与用工单位订立的劳务派遣协议情况以及用工单位履行法定义务的情况；

（七）设立子公司、分公司等情况。

劳务派遣单位设立的子公司或者分公司，应当向办理许可或者备案手续的人力资源社会保障行政部门提交上一年度劳务派遣经营情况报告。

第二十三条　许可机关应当对劳务派遣单位提交的年度经营情况报告进行核验，依法对劳务派遣单位进行监督，并将核验结果和监督情况载入企业信用记录。

第二十四条　有下列情形之一的，许可机关或者其上级行政机关，可以撤销劳务派遣行政许可：

（一）许可机关工作人员滥用职权、玩忽职守，给不符合条件的申请人发放《劳务派遣经营许可证》的；

（二）超越法定职权发放《劳务派遣经营许可证》的；

（三）违反法定程序发放《劳务派遣经营许可证》的；

（四）依法可以撤销行政许可的其他情形。

第二十五条　申请人隐瞒真实情况或者提交虚假材料申请行政许可的，许可机关不予受理、不予行政许可。

劳务派遣单位以欺骗、贿赂等不正当手段和隐瞒真实情况或者提交虚假材料取得行政许可的，许可机关应当予以撤销。被撤销行政许可的劳务派遣单位在1年内不得再次申请劳务派遣行政许可。

第二十六条　有下列情形之一的，许可机关应当依法办理劳务派遣行政许可注销手续：

（一）《劳务派遣经营许可证》有效期届满，劳务派遣单位未申请延续的，或者延续申请未被批准的；

（二）劳务派遣单位依法终止的；

（三）劳务派遣行政许可依法被撤销，或者《劳务派遣经营许可证》依法被吊销的；

（四）法律、法规规定的应当注销行政许可的其他情形。

第二十七条　劳务派遣单位向许可机关申请注销劳务派遣行政许可的，应当提交已经依法处理与被派遣劳动者的劳动关系及其社会保险权益等材料，许可机关应当在核实有关情况后办理注销手续。

第二十八条 当事人对许可机关作出的有关劳务派遣行政许可的行政决定不服的，可以依法申请行政复议或者提起行政诉讼。

第二十九条 任何组织和个人有权对实施劳务派遣行政许可中的违法违规行为进行举报，人力资源社会保障行政部门应当及时核实、处理。

第四章 法律责任

第三十条 人力资源社会保障行政部门有下列情形之一的，由其上级行政机关或者监察机关责令改正，对直接负责的主管人员和其他直接责任人员依法给予处分；构成犯罪的，依法追究刑事责任：

（一）向不符合法定条件的申请人发放《劳务派遣经营许可证》，或者超越法定职权发放《劳务派遣经营许可证》的；

（二）对符合法定条件的申请人不予行政许可或者不在法定期限内作出准予行政许可决定的；

（三）在办理行政许可、实施监督检查工作中，玩忽职守、徇私舞弊，索取或者收受他人财物或者谋取其他利益的；

（四）不依法履行监督职责或者监督不力，造成严重后果的。

许可机关违法实施行政许可，给当事人的合法权益造成损害的，应当依照国家赔偿法的规定给予赔偿。

第三十一条 任何单位和个人违反《中华人民共和国劳动合同法》的规定，未经许可，擅自经营劳务派遣业务的，由人力资源社会保障行政部门责令停止违法行为，没收违法所得，并处违法所得1倍以上5倍以下的罚款；没有违法所得的，可以处5万元以下的罚款。

第三十二条 劳务派遣单位违反《中华人民共和国劳动合同法》有关劳务派遣规定的，由人力资源社会保障行政部门责令限期改正；逾期不改正的，以每人5000元以上1万元以下的标准处以罚款，并吊销其《劳务派遣经营许可证》。

第三十三条 劳务派遣单位有下列情形之一的，由人力资源社会保障行政部门处 1 万元以下的罚款；情节严重的，处 1 万元以上 3 万元以下的罚款：

（一）涂改、倒卖、出租、出借《劳务派遣经营许可证》，或者以其他形式非法转让《劳务派遣经营许可证》的；

（二）隐瞒真实情况或者提交虚假材料取得劳务派遣行政许可的；

（三）以欺骗、贿赂等不正当手段取得劳务派遣行政许可的。

第五章 附 则

第三十四条 劳务派遣单位在 2012 年 12 月 28 日至 2013 年 6 月 30 日之间订立的劳动合同和劳务派遣协议，2013 年 7 月 1 日后应当按照《全国人大常委会关于修改〈中华人民共和国劳动合同法〉的决定》执行。

本办法施行前经营劳务派遣业务的单位，应当按照本办法取得劳务派遣行政许可后，方可经营新的劳务派遣业务；本办法施行后未取得劳务派遣行政许可的，不得经营新的劳务派遣业务。

第三十五条 本办法自 2013 年 7 月 1 日起施行。

中国人民银行行政许可实施办法

（2020 年 3 月 20 日中国人民银行令〔2020〕第 1 号公布 自 2020 年 6 月 1 日起施行）

第一章 总 则

第一条 为了规范中国人民银行及其分支机构实施行政许可的

行为，保护公民、法人和其他组织的合法权益，根据《中华人民共和国行政许可法》和《中华人民共和国中国人民银行法》，制定本办法。

第二条　中国人民银行及其分支机构实施行政许可适用本办法。

中国人民银行对其直接管理的事业单位的人事、财务、外事等事项的审批，不适用本办法。

中国人民银行及其分支机构根据相关规定对公民、法人或者其他组织申请接入中国人民银行及其直接管理的事业单位等建设、运营的信息化系统进行审核的，不适用本办法。

第三条　中国人民银行应当在法定职权范围内依法实施行政许可；中国人民银行分支机构应当在中国人民银行授权范围内依法实施行政许可。

第四条　中国人民银行及其分支机构实施行政许可，应当依照法定的权限、范围、条件和程序，遵循公开、公平、公正、便民、高效、非歧视的原则。

第五条　中国人民银行及其分支机构实施行政许可的依据为法律、行政法规、国务院决定、规章。

规章和规范性文件中不得增设行政许可，不得增设违反法律、行政法规和国务院决定的行政许可条件。

第六条　中国人民银行及其分支机构依法保护申请人的商业秘密和个人隐私。

行政许可的实施和结果，除涉及国家秘密、工作秘密、商业秘密或者个人隐私的外，应当公开。

第七条　中国人民银行及其分支机构推进行政许可电子办理，提高办事效率，提供优质服务。

申请人通过电子政务系统提出申请的，符合相关要求的电子申请材料、电子证照、电子印章、电子签名、电子档案与纸质申请材料、纸质证照、实物印章、手写签名或者盖章、纸质档案具有同等法律效力。

中国人民银行及其分支机构通过电子政务系统向申请人发送的相关文书、颁布的各种决定书和行政许可证，与纸质文件具有同等法律效力。

第二章　行政许可的一般程序

第一节　申请与受理

第八条　中国人民银行及其分支机构依法制作行政许可事项服务指南，按规定在办公场所、互联网站公示行政许可事项及其适用范围、审查类型、审批依据、受理机构和相关职能部门、决定机构、申请条件、申请接受方式和接受地址、办理基本流程和办理方式、办理时限、审批结果和送达方式、收费依据、监督投诉渠道等信息，以及需要提交的全部材料的目录和申请书示范文本。

申请人要求对公示内容予以说明、解释的，中国人民银行及其分支机构应当说明、解释，并提供准确、可靠的信息。

第九条　公民、法人或者其他组织从事特定活动，依法需要取得中国人民银行或其分支机构行政许可的，应当向中国人民银行或其分支机构提出申请。

申请书需要采用格式文本的，该格式文本由中国人民银行统一公布，并通过电子政务系统提供下载，或者由承办行政许可事项的职能部门提供。申请书格式文本中不得包含与申请行政许可事项没有直接关系的内容；不得要求申请人提交与其申请的行政许可事项无关的技术资料和其他材料。

申请人可以当面提交行政许可申请，也可以通过电子政务系统提出，并按照行政许可事项服务指南在指定地点提交或者通过电子政务系统在线提交申请材料。

第十条　申请人提出的行政许可申请，由中国人民银行及其分支机构承办行政许可事项的职能部门负责审查受理。

依法应当由中国人民银行下级行先行审查后报上级行决定的行政许可事项的申请，由下级行承办行政许可事项的职能部门受理；需要多个职能部门办理的申请，由中国人民银行确定一个职能部门统一受理、牵头办理。

第十一条　申请人提交行政许可申请时，应当出示身份证明文件；单位申请的，应当出示单位统一社会信用代码证或者营业执照，以及法定代表人身份证明文件或者主要负责人身份证明文件、授权委托书、被委托人身份证件等身份证明文件。

申请人可以委托代理人提出行政许可申请。申请人委托代理人提出行政许可申请的，还应当提供申请人、代理人的身份证明文件和授权委托书；办理开户许可等事项，由商业银行等机构批量代理提交的除外。

中国人民银行及其分支机构应当核对上述身份证明文件，必要时可以利用技术手段核实申请人身份。

第十二条　申请人向中国人民银行或其分支机构申请行政许可，应当如实提交有关材料和反映真实情况，并对其申请材料实质内容的真实性负责。

中国人民银行及其分支机构有权要求申请人提供申请材料真实性声明。

第十三条　申请人提交申请材料，中国人民银行及其分支机构应当及时办理登记手续，并向申请人出具申请材料接收凭证，载明申请材料接收日期；当场出具行政许可受理通知书、不予受理决定书、补正告知书等的，可以不再出具申请材料接收凭证。

申请人现场办理的，申请材料接收凭证应当由申请人或者其代理人签字确认。

第十四条　中国人民银行及其分支机构收到申请人提出的行政许可申请，发现申请事项依法不需要取得行政许可的，应当即时告知申请人不受理；发现申请事项属于中国人民银行职权范围，但不属于本级机构受理的，应当即时向申请人说明情况，并告知其向有权受理的机构提出申请。

第十五条　中国人民银行及其分支机构收到申请人提出的行政许可申请，发现申请材料存在错误可以当场更正的，应当允许申请人当场更正。

第十六条　申请材料不齐全、不符合法定形式或者存在错误不能当场更正的，中国人民银行及其分支机构应当当场或者在收到申请材料之日起五日内一次告知申请人需要补正的全部内容，出具加盖本行行政许可专用章并载明日期的补正告知书。逾期不告知的，自收到申请材料之日起即为受理。

申请人拒不补正，或者自补正告知书送达之日起十日内无正当理由未补正的，视为放弃行政许可申请，中国人民银行及其分支机构应当退回已经收到的全部申请材料。

第十七条　申请人提出的行政许可申请存在下列情形之一的，中国人民银行及其分支机构可以不予受理，并出具加盖本行行政许可专用章的不予受理决定书，说明不予受理的理由和依据，退回已经收到的全部申请材料：

（一）申请事项不属于中国人民银行职权范围的；

（二）申请人提供的补正材料不齐全、不符合法定形式的；

（三）申请人补正后仍存在不符合受理条件的其他情形的。

中国人民银行及其分支机构依据前款第一项不予受理的，应当即时作出不予受理的决定，并告知申请人向有关行政机关申请。

依法由中国人民银行下级行先行审查后报上级行决定的行政许可事项的申请，由下级行出具不予受理决定书。

第十八条　申请事项属于中国人民银行职权范围，申请材料齐全、符合法定形式，或者申请人按照要求提交全部补正申请材料的，中国人民银行及其分支机构应当受理行政许可申请。

依前款规定受理行政许可的，中国人民银行及其分支机构应当于收到申请材料或者全部补正申请材料之日起五日内，出具加盖本行行政许可专用章并注明受理日期的行政许可受理通知书。

依法由中国人民银行下级行先行审查后报上级行决定的行政许可事项的申请,由下级行出具行政许可受理通知书。

第二节 审查与决定

第十九条 中国人民银行及其分支机构依法对申请人提交的申请材料进行审查。需要对申请材料的实质内容进行核实的,中国人民银行及其分支机构应当指派两名以上工作人员,根据法定条件和程序进行。

第二十条 行政许可事项依法由中国人民银行下级行先行审查后报上级行决定的,下级行应当将初步审查意见和全部申请材料直接报送上级行。

上级行在审查该行政许可事项时,不得要求申请人重复提供申请材料。

第二十一条 中国人民银行及其分支机构审查行政许可申请时,发现行政许可事项直接关系他人重大利益的,应当告知该利害关系人。

申请人、利害关系人有权进行陈述和申辩,并自被告知之日起三日内提交陈述、申辩意见;对于口头陈述、申辩的,中国人民银行及其分支机构应当做好记录,并交陈述人、申辩人签字确认。

中国人民银行及其分支机构应当听取申请人、利害关系人的意见。

第二十二条 中国人民银行及其分支机构在审查过程中发现申请人提交的申请材料存在实质性问题,可能影响作出行政许可决定的,可以要求申请人限期对申请材料进一步修改、完善,或者解释说明。

申请人在合理期限内拒不修改、完善、解释说明,或者修改、完善、解释说明后仍存在实质性问题的,中国人民银行及其分支机构应当继续审查，不利后果由申请人承担。

第二十三条 中国人民银行及其分支机构可以通过实地调查、面谈等方式对申请材料进行核实。申请人或者有关人员应当配合；拒不配合的，应当自行承担相关不利后果。

通过实地调查、面谈等现场方式进行核实的，中国人民银行及其分支机构的工作人员应当出示证件，并制作核实记录。

第二十四条 中国人民银行及其分支机构在审查过程中，有下列情形之一的，可以作出中止审查的决定，并书面通知申请人，法律、行政法规、国务院决定、规章另有规定的除外：

（一）申请人因涉嫌违法违规被中国人民银行或者其他行政机关调查，或者被司法机关侦查，尚未结案，对行政许可事项影响重大的；

（二）申请人被中国人民银行或者其他行政机关依法采取限制业务活动、责令停业整顿等监管措施，尚未解除的；

（三）申请人被中国人民银行或者其他行政机关接管，接管期限尚未届满的；

（四）对有关法律、行政法规、国务院决定、规章的规定，需要进一步明确具体含义，中国人民银行及其分支机构请求有关机关作出解释的；

（五）申请人主动要求中止审查，且有正当理由的。

因前款第一项至第四项规定情形中止审查的，相关情形消失后，中国人民银行及其分支机构恢复审查，并书面通知申请人。

申请人主动要求中止审查或者申请恢复审查的，应当向受理行政许可申请的中国人民银行或其分支机构提交书面申请。中国人民银行或其分支机构同意的，书面通知申请人。

第二十五条 中国人民银行及其分支机构对行政许可申请进行审查后，应当根据下列情况分别作出处理：

（一）申请符合法定条件、标准，拟准予行政许可的，应当拟定准予行政许可决定书；

（二）申请不符合法定条件、标准，拟不予行政许可的，应当拟定不予行政许可决定书。

第二十六条　中国人民银行及其分支机构按照相关规定对行政许可决定实施法制审核，确保行政许可主体合法、程序合规、证据充分、法律适用准确。

第二十七条　准予行政许可或者不予行政许可决定书由作出行政许可的中国人民银行或其分支机构行长（主任）或者分管副行长（副主任）审查批准。

第二十八条　准予行政许可或者不予行政许可决定书应当统一编号、加盖本行行章，并注明日期。

准予行政许可决定书应当明确行政许可的效力范围、有效期限、变更及延续方式等事项。

不予行政许可决定书应当说明不予行政许可的理由，并告知申请人享有依法申请行政复议或者提起行政诉讼的权利。

第二十九条　中国人民银行及其分支机构作出准予行政许可决定，依照法律、行政法规、国务院决定、规章的规定需要颁发行政许可证的，依法向申请人颁发加盖本行行章的行政许可证，可以不再制作行政许可决定书。

第三十条　中国人民银行及其分支机构作出行政许可决定前，申请人撤回申请的，应当提交正式书面请求，并说明理由。

申请人撤回申请的，中国人民银行及其分支机构应当退回已经收到的全部申请材料。

第三节　期限与送达

第三十一条　除根据本办法适用简易程序作出行政许可决定的外，中国人民银行及其分支机构应当自受理行政许可申请之日起二十日内，作出行政许可决定。二十日内不能作出决定的，经本行行长（主任）批准，可以延长十日，并应当将延长期限的理由告知申请人。但法律、行政法规、国务院决定另有规定的，依照其规定。

第三十二条　依法由中国人民银行下级行审查后报上级行决定的行政许可事项申请，下级行应当自受理申请之日起二十日内审查完毕，并将初步审查意见和申请材料移交上级行。

上级行应当自收到申请材料和下级行初步审查意见之日起二十日内，作出是否准予行政许可的决定。

但法律、行政法规、国务院决定另有规定的，依照其规定。

第三十三条　中国人民银行及其分支机构作出行政许可决定，下列时间不计入本节规定的期限内：

（一）依照法律、行政法规、国务院决定、规章的规定需要检验、检测、鉴定和专家评审，或者需要听证的；

（二）依照法律、行政法规、国务院决定、规章的规定需要公示相关信息的；

（三）依照相关规定需要进行国家安全审查的；

（四）申请材料存在实质性问题，需要进一步修改、完善的，或者需要申请人进一步解释说明的；

（五）需要对行政许可申请进行实地核查，以及听取申请人、利害关系人陈述、申辩的；

（六）在行政许可过程中收到对申请人相关违法违规行为的举报，需要进行核查的；

（七）依据本办法第二十四条规定中止审查的。

发生前款第一项、第二项所列情形的，中国人民银行及其分支机构应当将所需时间书面告知申请人。

第三十四条　对于受理、不予受理或者要求补正申请材料的通知书，除即时告知的外，应当自相关文书作出之日起五日内送达当事人。

第三十五条　中国人民银行及其分支机构作出准予行政许可决定的，应当自作出决定之日起十日内向申请人送达准予行政许可的书面决定或者行政许可证。

中国人民银行及其分支机构作出不予行政许可决定的,应当自作出决定之日起十日内向申请人送达不予行政许可的书面决定。

第三十六条 申请人应当在申请行政许可时,选择相关文书、许可证的送达方式,并如实告知通讯地址、联系方式等信息。

申请人选择邮寄送达的,邮件签收,视为送达;邮件因地址错误、拒收等原因被退回的,到达上述地址,视为送达。

申请人选择自行领取或者代理人领取的,应当按照中国人民银行及其分支机构通知的时间及时领取相关文书、许可证,并应当在领取时参照本办法第十一条的要求出示身份证明文件和授权委托书等,予以签收。

办理开户许可等事项,由商业银行等机构批量代理提交的行政许可申请,中国人民银行及其分支机构一般采取由提交行政许可申请的商业银行等机构代为送达的方式,相关文书、许可证送交提交行政许可申请的商业银行等机构的,视为送达。申请人明确提出通过邮寄、自行领取等方式送达的除外。

申请人或者代理人在接到领取通知十日内不领取相关文书、许可证且无法通过邮寄等方式送达的,可以公告送达,公告期为两个月。公告期满,视为送达。

第三十七条 申请人通过电子政务系统提出行政许可申请的,中国人民银行及其分支机构可以通过电子政务系统,以电子形式出具本办法规定的申请材料接收凭证、补正告知书、行政许可受理通知书、不予受理决定书、准予行政许可决定书、不予行政许可决定书等。

申请人在电子政务系统完成申请书填写,并完成申请材料提交的日期为该行政许可的申请日期;中国人民银行及其分支机构通过电子政务系统以电子形式出具文书并能够被申请人查阅,视为送达。

第四节 听 证

第三十八条 法律、行政法规、国务院决定、规章规定实施行政许可应当听证的事项，或者中国人民银行及其分支机构认为需要听证的其他涉及公共利益的重大行政许可事项，应当向社会公告，并举行听证。

第三十九条 行政许可直接涉及申请人与他人之间重大利益关系的，中国人民银行及其分支机构在作出行政许可决定前，应当告知申请人、利害关系人享有要求听证的权利；申请人、利害关系人在被告知听证权利之日起五日内提出听证申请的，中国人民银行或其分支机构应当在收到听证申请之日起二十日内组织听证。

申请人、利害关系人不承担中国人民银行及其分支机构组织听证的费用。

第四十条 听证由中国人民银行及其分支机构法律事务部门组织，按照下列程序公开举行：

（一）中国人民银行及其分支机构应当于举行听证的七日前将听证的时间、地点通知申请人、利害关系人，必要时予以公告；

（二）听证由中国人民银行及其分支机构法律事务部门工作人员担任主持人，或者由本行行长（主任）或者分管副行长（副主任）指定该行政许可事项承办部门以外的其他部门的工作人员担任主持人；申请人、利害关系人认为主持人与该行政许可事项有直接利害关系的，有权申请回避；听证主持人是否回避，由本行行长（主任）或者分管副行长（副主任）决定；

（三）举行听证时，承办行政许可事项的职能部门应当提供作出审查意见的证据、理由；申请人、利害关系人可以提出证据，并进行申辩和质证；

（四）听证应当由听证主持人指定专人记录并制作听证笔录，笔录的内容包括：举行听证的时间、地点、参加听证的人员、听证事项、听证当事人的意见。

听证笔录应当交听证当事人确认并签字或者盖章。听证当事人拒绝签字或者盖章的，应当记录在案，并由其他听证参加人签字或者盖章证明。

第四十一条 申请人、利害关系人根据本办法第三十九条提出的听证申请,中国人民银行及其分支机构开始听证前,听证申请人可以书面提出撤回听证申请,并说明理由。

听证申请人撤回听证申请的,视为放弃听证权利,不得再次就同一行政许可事项提出听证申请。

第三章 行政许可的特殊程序

第四十二条 行政许可事项简单、审查标准明确,申请人以格式文书提出申请,材料齐全、符合法定形式,且申请事项依据有关规定能够于当场或者五日内确认准予行政许可的,中国人民银行及其分支机构可以适用简易程序作出行政许可。

适用简易程序的行政许可事项,在行政许可事项服务指南中载明,并由中国人民银行公布。

第四十三条 适用简易程序的,由承办行政许可事项的职能部门根据本行行长(主任)或者分管副行长(副主任)的授权,在受理行政许可后及时制作准予行政许可决定书或者依据有关规定制发行政许可证。

适用简易程序作出行政许可决定的,可以不再出具申请材料接收凭证、行政许可受理通知书等过程性文书,并适当简化内部审批流程。

第四十四条 中国人民银行及其分支机构在按照简易程序审查的过程中,发现申请人提交的申请材料存在实质性问题,不能在五日内准予行政许可的,应当告知申请人,并按照本办法第二章的相关规定处理相关行政许可申请。

第四十五条 被许可人拟变更下列事项的,应当向作出行政许可决定的中国人民银行或其分支机构提出申请,法律、行政法规、国务院决定、规章另有规定的除外;符合法定条件、标准的,中国人民银行及其分支机构应当依法办理变更手续：

（一）变更准予行政许可决定书或者行政许可证记载事项的；

（二）变更根据法律、行政法规、国务院决定、规章规定应当经中国人民银行或其分支机构批准变更的事项的。

第四十六条　被许可人需要延续行政许可有效期的，应当在该行政许可有效期届满六个月前向作出行政许可决定的中国人民银行或其分支机构提出申请。但法律、行政法规、国务院决定、规章另有规定的，依照其规定。

第四十七条　中国人民银行及其分支机构应当根据被许可人的申请，按照法律、行政法规、国务院决定、规章规定的行政许可条件，综合被许可人在该行政许可有效期内的合规经营情况，在行政许可有效期届满前作出是否准予延续的决定。

被许可人不符合法律、行政法规、国务院决定、规章规定的行政许可条件，或者在该行政许可有效期内存在重大违法违规行为的，中国人民银行及其分支机构应当不再准予延续。

第四十八条　中国人民银行及其分支机构受理、审查、决定被许可人变更和延续申请的程序，以及适用简易程序的，本章有规定的，适用本章规定；本章没有规定的，适用本办法第二章的有关规定。法律、行政法规、国务院决定、规章另有规定的，依照其规定。

第四章　监督检查

第四十九条　中国人民银行及其分支机构依法对行政许可办理过程进行记录，完善行政许可案卷管理制度。

第五十条　中国人民银行及其分支机构上级行依法对下级行实施行政许可的情况进行监督，及时纠正下级行实施行政许可中的违法违规行为。

第五十一条　中国人民银行及其分支机构可以要求被许可人提

供从事行政许可事项活动情况的有关材料,有权对被许可人从事行政许可事项的活动进行现场检查。

中国人民银行及其分支机构有权对涉嫌非法从事应当得到中国人民银行及其分支机构批准的行政许可事项活动的当事人进行现场检查。

第五章　法　律　责　任

第五十二条　申请人隐瞒有关情况或者提供虚假材料申请行政许可的,中国人民银行及其分支机构不予受理或者不予行政许可,并给予警告。

第五十三条　被许可人以欺骗、贿赂等不正当手段取得行政许可的,中国人民银行及其分支机构依据《中华人民共和国行政许可法》第六十九条撤销行政许可,有关法律、行政法规、规章有处罚规定的,依照其规定给予处罚;有关法律、行政法规、规章未作处罚规定的,中国人民银行及其分支机构给予警告,并处三万元以下罚款。

第五十四条　被许可人有下列行为之一,有关法律、行政法规有处罚规定的,中国人民银行及其分支机构依照其规定给予处罚;有关法律、行政法规未作处罚规定的,中国人民银行及其分支机构依据《中华人民共和国中国人民银行法》第四十六条进行处罚:

(一)涂改、倒卖、出租、出借行政许可证,或者以其他形式非法转让行政许可的;

(二)超越许可范围从事经营活动;

(三)向负责监督检查的行政机关隐瞒有关情况、提供虚假材料或者拒绝提供反映其活动情况的真实材料的;

(四)法律、行政法规、国务院决定、规章规定的其他违法违规行为。

第五十五条 其他单位和个人非法从事应当得到中国人民银行及其分支机构批准的行政许可事项活动的，由中国人民银行及其分支机构责令改正，并可以根据经营活动的实际情况，依据《中华人民共和国中国人民银行法》第四十六条进行处罚。拒不改正的，由中国人民银行及其分支机构会同有关行政机关予以取缔；涉嫌构成犯罪的，移送司法机关依法追究刑事责任。法律、行政法规、国务院决定、规章另有规定的除外。

第六章 附 则

第五十六条 中国人民银行及其分支机构作出准予行政许可、变更、延续决定，依法撤销、注销行政许可的，应当于决定作出之日起七日内依据行政许可事项服务指南和中国人民银行的相关规定予以公开。

第五十七条 中国人民银行及其分支机构实施行政许可和对行政许可事项进行监督检查，不得收取任何费用。但法律、行政法规另有规定的，依照其规定。

第五十八条 本办法规定的期限以"日"为单位的，均以工作日计算，不含法定节假日。

第五十九条 国家外汇管理局及其分支机构实施行政许可不适用本办法。

第六十条 本办法由中国人民银行负责解释。

第六十一条 本办法自 2020 年 6 月 1 日起施行。《中国人民银行行政许可实施办法》（中国人民银行令〔2004〕第 3 号发布）同时废止。

中国银保监会行政许可实施程序规定

（2020年5月24日中国银行保险监督管理委员会令2020年第7号公布 自2020年7月1日起施行）

第一章 总 则

第一条 为规范中国银行保险监督管理委员会（以下简称银保监会）及其派出机构实施行政许可行为，明确行政许可程序，提高行政许可效率，保护申请人的合法权益，根据《中华人民共和国银行业监督管理法》《中华人民共和国保险法》《中华人民共和国行政许可法》等法律及行政法规，制定本规定。

第二条 银保监会依照本规定的程序，对银行保险机构及银保监会监督管理的其他金融机构实施行政许可。银保监会可以依法授权派出机构实施行政许可，银保监局在银保监会授权范围内，可以依法授权银保监分局实施行政许可。授权实施的行政许可，行政许可决定以被授权机构的名义作出。

银保监局在银保监会授权范围内，依照本规定的程序实施行政许可。银保监分局在银保监会、银保监局授权范围内，依照本规定的程序实施行政许可。

第三条 银保监会实施行政许可应当遵循公开、公平、公正、非歧视、效率及便民的原则。法律、行政法规规定实施行政许可应当遵循审慎监管原则的，从其规定。

第四条 银保监会的行政许可事项包括银行保险机构及银保监会监督管理的其他金融机构设立、变更和终止许可事项，业务许可事项，银行业金融机构董事（理事）和高级管理人员任职资格许可事项，保险业金融机构董事、监事和高级管理人员任职资格许可事项,法律、行政法规规定和国务院决定的其他许可事项。

第五条 行政许可实施程序分为申请与受理、审查、决定与送达三个环节。

第六条 银保监会及其派出机构按照以下操作流程实施行政许可:

(一)由银保监会、银保监局或银保监分局其中一个机关受理、审查并决定;

(二)由银保监分局受理并初步审查,报送银保监局审查并决定;

(三)由银保监局受理并初步审查,报送银保监会审查并决定;

(四)由银保监会受理,与其他行政机关共同审查并决定;

(五)法律、行政法规和银保监会规定的其他情形。

第二章 申请与受理

第七条 申请人应按照银保监会公布的行政许可事项申请材料目录和格式要求提交申请材料。

第八条 申请人向受理机关提交申请材料的方式为当面递交、邮寄或电子传输至银保监会办公厅、银保监局办公室或银保监分局办公室。

申请材料中应当注明详细、准确的联系方式和送达行政许可决定的邮寄地址。当面递交申请材料的,经办人员应当出示授权委托书和合法身份证件。申请人为自然人的应当出示合法身份证件;申请人委托他人提交申请材料的,受托人还应提交申请人的授权委托书及受托人的合法身份证件。

第九条 由下级机关受理、报上级机关决定的申请事项,申请人应向受理机关提交申请材料,并提交受理申请书,简要说明申请事项。

前款提交的申请材料的主送单位应当为决定机关。

第十条 申请事项依法不需要取得行政许可或者申请事项不属于受理机关职权范围的,受理机关应当即时告知申请人不予受理,并出具不予受理通知书。申请事项不属于本机关职权范围的,还应当告知申请人向有关行政机关申请。

第十一条　申请事项属于受理机关职权范围的，受理机关对照行政许可事项申请材料目录和格式要求，发现申请材料不齐全或不符合规定要求的，应在收到申请材料之日起5日内向申请人发出补正通知书，一次告知申请人应补正的全部内容，并要求其在补正通知书发出之日起3个月内提交补正申请材料。

申请材料齐全并符合规定要求的，受理机关应在收到完整申请材料之日起5日内受理行政许可申请，并向申请人发出受理通知书。受理通知书应注明接收材料日期及受理日期，接收材料日期以接收完整材料日期为准。

第十二条　申请人有下列情形之一的，作出不予受理申请决定：

（一）在补正通知书发出之日起3个月内，申请人未能提交补正申请材料的；

（二）在补正通知书发出之日起3个月内，申请人提交的补正申请材料仍不齐全或者不符合规定要求的；

（三）法律、行政法规及银保监会规定的其他情形。

决定不予受理申请的，受理机关出具不予受理通知书，并说明不予受理的理由。不予受理申请决定，应当自补正期满后5日内，或接收全部补正申请材料之日起5日内作出。

第十三条　在作出受理申请决定之前，申请人要求撤回申请的，应当向受理机关提交书面撤回申请。受理机关应在登记后将申请材料退回申请人。

第十四条　受理通知书、不予受理通知书、补正通知书应由受理机关加盖本机关专用印章并注明日期，并由受理机关交予、邮寄或电子传输至申请人。

第三章　审　　查

第十五条　由下级机关受理、报上级机关决定的申请事项，下级机关应在受理之日起20日内审查完毕并将审查意见及完整申请材料上报决定机关。

第十六条 由银保监会受理的申请事项，涉及银保监局属地监管职责的，银保监会可以征求相关银保监局的意见。

由银保监局受理的申请事项，涉及银保监分局属地监管职责的，银保监局可以征求相关银保监分局的意见。

由银保监局、银保监分局受理的申请事项，涉及同级或上级机关监管职责的，银保监局、银保监分局可以征求同级或上级机关的意见。

各级机关应当及时向征求意见机关提出反馈意见。

第十七条 受理机关或决定机关对行政许可申请进行审查时，发现行政许可事项直接关系他人重大利益的，应当告知该利害关系人。申请人、利害关系人有权进行陈述和申辩。受理机关或决定机关应当听取申请人、利害关系人的意见。

第十八条 受理机关或决定机关在审查过程中，认为需要申请人对申请材料作出书面说明解释的，可以将问题一次汇总成书面意见，并要求申请人作出书面说明解释。决定机关认为必要的，经其相关负责人批准，可以第二次要求申请人作出书面说明解释。

书面说明解释可以通过当面递交、邮寄或电子传输方式提交；经受理机关或决定机关同意，也可以采取传真、电子邮件等方式提交。

申请人应在书面意见发出之日起 2 个月内提交书面说明解释。未能按时提交书面说明解释的，视为申请人自动放弃书面说明解释。

第十九条 受理机关或决定机关认为需要由申请人对申请材料当面作出说明解释的，可以在办公场所与申请人进行会谈。参加会谈的工作人员不得少于 2 人。受理机关或决定机关应当做好会谈记录，并经申请人签字确认。

第二十条 受理机关或决定机关在审查过程中，根据情况需要，可以直接或委托下级机关对申请材料的有关内容进行实地核查。进行实地核查的工作人员不得少于 2 人，并应当出示合法证件。实地核查应当做好笔录，收集相关证明材料。

第二十一条　受理机关或决定机关在审查过程中对有关信访、举报材料认为有必要进行核查的，应及时核查并形成书面核查意见。

第二十二条　决定机关在审查过程中，对于疑难、复杂或者专业技术性较强的申请事项，可以直接或委托下级机关或要求申请人组织专家评审，并形成经专家签署的书面评审意见。

第二十三条　行政许可直接涉及申请人与他人之间重大利益关系的，决定机关在作出行政许可决定前，应当告知申请人、利害关系人享有要求听证的权利；申请人、利害关系人在被告知听证权利之日起5日内提出听证申请的，决定机关应当在20日内组织听证。

第二十四条　在受理机关或决定机关审查过程中，有下列情形之一的，可以作出中止审查的决定，并通知申请人：

（一）申请人或相应行政许可事项直接关系人因涉嫌违法违规被行政机关调查，或者被司法机关侦查，尚未结案，对相应行政许可事项影响重大；

（二）申请人被银保监会依法采取责令停业整顿、接管等监管措施，尚未解除；

（三）对有关法律、行政法规、规章的规定，需要进一步明确具体含义，请求有关机关作出解释；

（四）申请人主动要求中止审查，理由正当。

法律、行政法规、规章对前款情形另有规定的，从其规定。

第二十五条　因本规定第二十四条第一款第（一）（二）（三）项规定情形中止审查的，该情形消失后，受理机关或决定机关恢复审查，并通知申请人。

申请人主动要求中止审查的，应当向受理机关提交书面申请。同意中止审查的，受理机关应当出具中止审查通知。申请人申请恢复审查的，应当向受理机关提交书面申请。同意恢复审查的，受理机关应当出具恢复审查通知。

第二十六条　以下时间不计算在审查期限内：

（一）需要申请人对申请材料中存在的问题作出书面说明解释

的，自书面意见发出之日起到收到申请人提交书面说明解释的时间；

（二）需要对有关信访、举报材料进行核查的，自作出核查决定之日起到核查结束的时间；

（三）需要专家评审的，自组织专家评审之日起到书面评审意见形成的时间；

（四）需要组织听证的，自申请人、利害关系人提出听证申请之日起到听证结束的时间；

（五）中止审查的，自中止审查决定作出之日起到恢复审查通知出具的时间；

（六）法律规定不计算在审查期限内的检验、检测等其他时间。

前款扣除的时间，受理机关或决定机关应及时告知申请人。第（二）（三）项所扣除的时间不得超过合理和必要的期限。

第四章 决定与送达

第二十七条 在受理机关或决定机关审查过程中，因申请人死亡、丧失行为能力或依法终止，致使行政许可申请不符合法定条件或行政许可决定没有必要，受理机关或决定机关应当终止审查。

第二十八条 在受理机关或决定机关审查过程中，申请人主动要求撤回申请的，应当向受理机关提交终止审查的书面申请，受理机关或决定机关应当终止审查。

第二十九条 由一个机关受理并决定的行政许可，决定机关应在规定期限内审查，作出准予或者不予行政许可的书面决定，并在作出决定后10日内向申请人送达书面决定。

由下级机关受理、报上级机关决定的行政许可，决定机关自收到下级机关的初步审查意见及申请人完整申请材料后，在规定期限内审查，作出准予或者不予行政许可的书面决定，并在作出决定后10日内向申请人送达书面决定，同时抄送下级机关。

作出中止审查或终止审查决定的，应于决定作出后10日内向申请人送达书面决定。

第三十条 由银保监会受理，与其他行政机关共同审查并决定的行政许可，由银保监会受理、审查后，将申请材料移送有关行政机关审查，并根据审查意见在规定的期限内，作出准予或者不予行政许可的书面决定。

第三十一条 对于不符合条件的行政许可事项，决定机关应当作出不予行政许可决定。决定机关作出不予行政许可决定的，应当说明理由，并告知申请人依法享有在法定时间内申请行政复议或者提起行政诉讼的权利。

第三十二条 有下列情形之一的，决定机关或者其上级机关，根据利害关系人的请求或者依据职权，可以撤销行政许可：

（一）银保监会及其派出机构工作人员滥用职权、玩忽职守作出准予行政许可决定的；

（二）超越法定职权作出准予行政许可决定的；

（三）违反法定程序作出准予行政许可决定的；

（四）对不具备申请资格或者不符合法定条件的申请人准予行政许可的；

（五）依法可以撤销行政许可的其他情形。

申请人以欺骗、贿赂等不正当手段取得行政许可的，应当予以撤销。

依照前两款规定撤销行政许可，可能对公共利益造成重大损害的，不予撤销。

依照本条第一款规定撤销行政许可，申请人的合法权益受到损害的，应当依法给予赔偿。依照本条第二款规定撤销行政许可的，申请人基于行政许可取得的利益不受保护。

第三十三条 行政许可决定文件由决定机关以挂号邮件或特快专递送达申请人，也可电子传输至申请人。采取邮寄方式送达的，决定机关应当及时向邮政部门索取申请人签收的回执。

行政许可决定文件也可应申请人要求由其领取，领取人应出示授权委托书、合法身份证件并签收。

申请人在接到领取通知5日内不领取行政许可文件且受理机关无法通过邮寄等方式送达的，可以通过银保监会外网网站或公开发行报刊公告送达。自公告之日起，经过60个自然日，即视为送达。

第三十四条 决定机关作出准予行政许可决定后，需要向申请人颁发、换发金融许可证、保险许可证的，决定机关应当通知申请人到发证机关领取、换领金融许可证、保险许可证。

发证机关应当在决定作出后10日内颁发、换发金融许可证、保险许可证。

第五章 公　　示

第三十五条 银保监会及其派出机构将行政许可的事项、依据、条件、程序、期限以及需要申请人提交的申请材料目录和格式要求等进行公示，方便申请人查阅。

第三十六条 银保监会及其派出机构采取下列一种或多种方式进行公示：

（一）在银保监会外网网站上公布；

（二）在公开发行报刊上公布；

（三）印制行政许可手册，并放置在办公场所供查阅；

（四）在办公场所张贴；

（五）其他有效便捷的公示方式。

第三十七条 除涉及国家秘密、商业秘密、个人隐私外，银保监会及其派出机构作出的行政许可决定应当通过银保监会外网网站或者公告等方式公布。

第六章 附　　则

第三十八条 除特别说明外，本规定中的"日"均为工作日。

第三十九条 本规定由银保监会负责解释。

第四十条 本规定自2020年7月1日起施行。《中国银行业监督管理委员会行政许可实施程序规定》(银监会令2006年第1号)和《中国保险监督管理委员会行政许可实施办法》(保监会令2014年第2号)同时废止。

工业和信息化部行政许可实施办法

(2009年3月1日中华人民共和国工业和信息化部令第2号公布 根据2014年9月23日中华人民共和国工业和信息化部令第28号公布的《工业和信息化部关于废止和修改部分规章的决定》第一次修正 根据2017年10月20日中华人民共和国工业和信息化部令第45号公布的《工业和信息化部关于废止和修改部分规章、规范性文件的决定》第二次修正)

第一条 为了规范行政许可实施行为,保护公民、法人和其他组织的合法权益,维护公共利益和社会秩序,按照《国务院对确需保留的行政审批项目设定行政许可的决定》有关"国务院有关部门应当对实施本决定所列各项行政许可的条件等作出具体规定,并予以公布"的要求,依据《中华人民共和国行政许可法》的相关规定,制定本办法。

第二条 中华人民共和国工业和信息化部(以下称工业和信息化部)及受其委托实施行政许可的单位、省、自治区、直辖市通信管理局等单位(以下统称行政许可实施机关)实施行政许可,应当遵守法定权限、范围、条件和程序,遵循公开、公平、公正、便民和高效的原则。

第三条 行政许可实施机关应当建立健全监督制度,依法对被许可人从事行政许可事项的活动实施监督检查。监督检查可以采取书面检查、实地检查、抽样检查或者检验、检测等方式。实施监督检查时，行政许可实施机关有权向被许可人询问有关情况，要求被许可人提供相关材料，进入被许可人的机房等场所调查情况，被许可人应当予以配合。

行政许可实施机关依法对被许可人进行检查时，应当记录检查的情况和处理结果，由检查人员签字后归档，公众有权查阅执法检查记录。

行政许可实施机关实施监督检查不得向被许可人收取任何费用，不得妨碍被许可人正常的生产经营活动，不得索取或者收受被许可人的财物，不得谋取其他利益。

第四条 申请人隐瞒有关情况或提供虚假材料申请行政许可的，行政许可实施机关不予受理或者不予行政许可，并给予警告；行政许可申请属于直接关系公共安全、人身健康、生命财产安全事项的，申请人在一年内不得再次申请该行政许可。

第五条 被许可人以欺骗、贿赂等不正当手段取得行政许可的，行政许可实施机关应当撤销其行政许可，给予警告，并视情节轻重处5000元以上3万元以下的罚款；但撤销行政许可可能对公共利益造成重大损害的，不予撤销；行政许可申请属于直接关系公共安全、人身健康、生命财产安全事项的，申请人三年内不得再次申请该行政许可。

第六条 有下列情形之一的，行政许可实施机关应当依法注销行政许可，并向社会公告：

（一）行政许可有效期届满未延续的。

（二）取得资格许可的公民死亡或者丧失行为能力的。

（三）取得行政许可的法人或者其他组织依法终止的。

（四）行政许可依法被撤销、撤回，或者行政许可证件依法被吊销的。

（五）因不可抗力导致行政许可事项无法实施的。

（六）法律、行政法规规定的应当注销行政许可的其他情形。

第七条 行政许可实施机关发现被许可人不再符合相关行政许可条件的，应当责令被许可人限期改正，处以3万元以下的罚款，并将上述情况向社会公告。

第八条 公民、法人或者其他组织未经行政许可，擅自从事相关行政许可活动的，或者被许可人超越行政许可范围从事相关活动的，行政许可实施机关应当依法采取措施予以制止，并依据相关法律、行政法规、规章的规定予以处罚；法律、行政法规、规章未作规定的，应当责令其停止违法行为，可以并处3万元以下的罚款。

第九条 被许可人转让、涂改、伪造、倒卖、出租、出借行政许可证件的，由发证机关依据相关法律、行政法规、规章的规定予以处罚；法律、行政法规、规章未作规定的，由发证机关责令改正，给予警告，可以并处3万元以下的罚款；构成犯罪的，依法追究刑事责任。

第十条 被许可人从事行政许可活动违反相关法律、行政法规或者规章的，依照相关法律、行政法规或者规章的规定处理。

第十一条 行政许可实施机关及其工作人员有下列情形之一的，由上级行政机关或者监察机关责令改正；情节严重的，对直接负责的主管人员和其他直接责任人员依法给予行政处分：

（一）对符合法定条件的行政许可申请不予受理的。

（二）不在办公场所公示依法应当公示的材料的。

（三）在受理、审查、决定行政许可过程中，未向申请人、利害关系人履行法定告知义务的。

（四）申请人提交的申请材料不齐全、不符合法定形式，不一次告知申请人应当补正的全部内容的。

（五）未依法说明不受理行政许可申请或者不予行政许可的理由的。

（六）依法应当举行听证而不举行听证的。

第十二条 本办法自2009年4月10日起施行。本办法施行前颁布的有关规定与本办法不一致的，按照本办法执行。2004年12月2日公布的《信息产业部负责实施的行政许可项目及其条件、程序、期限规定（第一批）》（中华人民共和国信息产业部令第31号）同时废止。

附件：

行政许可项目的条件和程序规定（第一批）

序号	1
项目名称	设立外商投资电信企业审批
法律依据	《外商投资电信企业管理规定》
实施主体	工业和信息化部
受理单位	工业和信息化部通信发展司；省、自治区、直辖市通信管理局
许可条件	一、外商投资电信企业的注册资本应当符合下列规定： （一）经营全国的或者跨省、自治区、直辖市范围的基础电信业务的，注册资本最低限额为10亿元人民币；经营增值电信业务的，注册资本最低限额为1000万元人民币。 （二）经营省、自治区、直辖市范围内的基础电信业务的，注册资本最低限额为1亿元人民币；经营增值电信业务的，注册资本最低限额为100万元人民币。 二、外方投资者在企业中的出资比例应当符合下列规定： （一）经营基础电信业务（无线寻呼业务除外）的外商投资电信企业的外方投资者在企业中的出资比例，最终不得超过49%。 （二）经营增值电信业务（包括基础电信业务中的无线寻呼业务）的外商投资电信企业的外方投资者在企业中的出资比例，最终不得超过50%。 外商投资电信企业的中方投资者和外方投资者在不同时期的出资比例，由工业和信息化部按照有关规定确定。 三、外商投资电信企业的中、外方主要投资者应当符合下列条件： （一）经营基础电信业务的外商投资电信企业的中方主要投资者应当符合下列条件： 1. 是依法设立的公司。 2. 有与从事经营活动相适应的资金和专业人员。 3. 符合工业和信息化部规定的审慎的和特定行业的要求。 前款所称外商投资电信企业的中方主要投资者，是指在全体中方投资者中出资数额最多且占中方全体投资者出资总额的30%以上的出资者。 （二）经营基础电信业务的外商投资电信企业的外方主要投资者应当符合下列条件： 1. 具有企业法人资格。

续表

	2. 在注册的国家或者地区取得基础电信业务经营许可证。 3. 有与从事经营活动相适应的资金和专业人员。 4. 有从事基础电信业务的良好业绩和运营经验。 前款所称外商投资电信企业的外方主要投资者，是指在外方全体投资者中出资数额最多且占全体外方投资者出资总额的30%以上的出资者。 （三）经营增值电信业务的外商投资电信企业的外方主要投资者应当具有经营增值电信业务的良好业绩和运营经验。 四、应当具备的其他条件 （一）外商投资电信企业经营电信业务，除应当满足上述条件外，还应当符合《中华人民共和国电信条例》规定的经营基础电信业务或者经营增值电信业务应当具备的条件。 （二）外商投资电信企业经营业务的地域范围，由工业和信息化部按照有关规定确定。
程序和期限	一、申请程序 （一）设立经营基础电信业务或者跨省、自治区、直辖市范围增值电信业务的外商投资电信企业，由中方主要投资者向工业和信息化部提出申请并报送下列文件： 1. 项目申请报告（外商投资电信企业项目申请报告的主要内容包括：合营各方的名称和基本情况、拟设立企业的投资总额、注册资本、各方出资比例、申请经营的业务种类、合营期限等）。 2. 中方投资者、外方投资者符合许可条件的资格证明或者有关确认文件。 3. 《中华人民共和国电信条例》规定的经营基础电信业务或者增值电信业务应当具备的其他条件的证明或者确认文件。 （二）设立外商投资电信企业经营省、自治区、直辖市范围内增值电信业务，由中方主要投资者向省、自治区、直辖市电信管理机构提出申请并报送下列文件： 1. 外方投资者符合许可条件的资格证明或者有关确认文件。 2. 《中华人民共和国电信条例》规定的经营增值电信业务应当具备的其他条件的证明或者确认文件。 二、受理、审查和决定程序 （一）《外商投资经营电信业务审定意见书》环节 1. 对于设立经营基础电信业务或者跨省、自治区、直辖市范围增值电信业务的外商投资电信企业申请，工业和信息化部应当自收到申请之日起对上述的有关文件进行审查。属于基础电信业务的，应当在180日内审查完毕，作出批准或者不予批准的决定；属于增值电信业务的，应当在90日内审查完毕，作出批准或者不予批准的决定。予以批准的，颁发《外商投资经营电信业务审定意见书》；不予批准的，应当书面通知申请人并说明理由。 2. 对于设立经省、自治区、直辖市范围内增值电信业务的外商投资电信企业申请，省、自治区、直辖市通信管理局应当自收到申请之日起60日内签署意见。予以同意的，转报工业和信息化部；不予同意的，应当书面通知申请人并说明理由。

续表

	工业和信息化部应当自收到省、自治区、直辖市通信管理局签署同意的申请文件之日起 30 日内审查完毕，作出批准或者不予批准的决定。予以批准的，颁发《外商投资经营电信业务审定意见书》；不予批准的，应当书面通知申请人并说明理由。 设立外商投资电信企业，按照国家有关规定，其投资项目需要经国务院发展改革部门核准的，工业和信息化部应当在颁发《外商投资经营电信业务审定意见书》前，将申请材料转送国务院发展改革部门核准。转送国务院发展改革部门核准的，审批期限可以延长 30 日。 (二)《外商投资企业批准证书》环节 设立外商投资电信企业，属于经营基础电信业务或者跨省、自治区、直辖市范围增值电信业务的，由中方主要投资者凭《外商投资经营电信业务审定意见书》向国务院商务主管部门报送拟设立外商投资电信企业的合同、章程；属于经营省、自治区、直辖市范围内增值电信业务的，由中方主要投资者凭《外商投资经营电信业务审定意见书》向省、自治区、直辖市人民政府商务主管部门报送拟设立外商投资电信企业的合同、章程。 国务院商务主管部门和省、自治区、直辖市人民政府商务主管部门应当自收到报送的拟设立外商投资电信企业的合同、章程之日起 90 日内审查完毕，作出批准或者不予批准的决定。予以批准的，颁发《外商投资企业批准证书》；不予批准的，应当书面通知申请人并说明理由。 (三)《电信业务经营许可证》环节 外商投资电信企业的中方主要投资者凭《外商投资企业批准证书》，到工业和信息化部办理《电信业务经营许可证》手续。 (四) 工商注册登记环节 外商投资电信企业的中方主要投资者凭《外商投资企业批准证书》和《电信业务经营许可证》，向工商行政管理机关办理外商投资电信企业注册登记手续。
备注	1. 外国投资者同中国投资者在中华人民共和国境内依法以中外合资经营形式，共同投资设立经营电信业务的企业，应当事先取得行政许可。 2. 外商投资电信企业申请材料目录 (1) 中方投资者的有关材料：企业法人营业执照；企业基本情况的介绍。 (2) 外方主要投资者的有关材料：公司登记证；电信业务（基础电信业务和增值电信业务）经营许可证和运营经验与良好业绩的证明；过去 3 年的公司年报；资信证明。 (3) 外方其他投资者的材料：公司登记证；公司基本情况介绍。 (4) 项目申请报告。 (5) 其他材料：股权转让协议；法律、行政法规规定的其他材料等。 3. 外商投资电信企业项目申请报告范本 (1) 合营各方的名称和基本情况。 中方：名称、法定代表人及其国籍与职务、公司住所、注册地、基本情况介绍。

续表

	外方：名称、法定代表人及其国籍与职务、公司住所、注册地、基本情况介绍。 (2) 拟设立企业的投资总额及出资方式。 (3) 拟设立企业的注册资本：注册资本的金额；出资方式。 (4) 注册资本中各方出资比例：中方出资比例；外方出资比例。 (5) 申请经营的业务种类：属于我国加入世界贸易组织服务贸易承诺中的业务种类；具体开展业务的说明。 (6) 合营期限：外商投资电信企业的合营期限是____年。 4. 外商投资电信企业经营跨境电信业务，应当经工业和信息化部批准，并通过工业和信息化部批准设立的国际电信出入口局进行。
序号	2
项目名称	电信设备进网许可（含试用）审批
实施主体	工业和信息化部
受理单位	工业和信息化部电信管理局
法律依据	《中华人民共和国电信条例》
许可条件	申请电信设备进网许可的，应当符合下列条件： （一）电信设备应当符合国家标准、通信行业标准以及工业和信息化部的规定。 （二）具有完善的质量保证体系和售后服务措施。 （三）申请进网许可的无线电通信设备、涉及网间互联的设备或者电信新设备，应当进行至少三个月的进网试验。 （四）符合国家其他有关规定。
程序和期限	一、申请程序 申请电信设备进网许可的，应当向工业和信息化部提交下列申请材料： （一）电信设备进网许可申请表（由工业和信息化部提供格式文本）。申请表应当由电信设备进网许可申请人的法定代表人或其委托代理人签字并加盖公章；申请人与生产企业为不同法人的，还应当提供由双方法定代表人或其委托代理人签字并加盖公章的委托加工协议书。境外申请人应当委托中国境内的代理机构作为申请人提交申请表，并出具委托书。 （二）企业法人营业执照。境内申请人应当提供企业法人营业执照。受境外申请人委托代理申请电信设备进网许可的代理机构，应当提供代理机构有效执照及境外申请人的注册登记证明（申请人与生产企业为不同法人的，还应当提供生产企业的相关材料）。

续表

（三）申请人情况介绍。包括申请人概况、生产条件、仪表配备、质量保证体系和售后服务措施等内容。对国家规定包修、包换和包退的产品，还应当提供履行有关责任的文件（申请人与生产企业为不同法人的，还应当提供生产企业的相关材料）。
（四）质量体系认证证书或者审核报告。通过质量体系认证的，提供认证证书；未通过质量体系认证的，提供满足相关要求的质量体系审核机构出具的质量体系审核报告。
（五）电信设备介绍。包括设备功能、性能指标、原理框图、内外观照片和使用说明等内容。
（六）检测报告或产品认证证书。由国务院产品质量监督部门认可的电信设备检测机构或者认证机构出具的检测报告或者产品认证证书。
（七）申请进网许可的无线电发射设备，提供工业和信息化部颁发的"无线电发射设备型号核准证"。
（八）申请进网许可的无线电通信设备、涉及网间互联的设备或者电信新设备，应当在中国境内的电信网上或者工业和信息化部指定的模拟实验网上进行至少三个月的进网试验，并提供总体技术方案和试验单位出具的试验报告。
（九）属于国家有特殊规定的事项，还应当提交符合规定的相关材料。
上述申请材料中证书、执照类材料应当提供原件和一份复印件，或者盖有发证机关证明印章的复印件；其它材料应当使用中文。
申请人可以通过来人、函件、电子数据交换等方式提交电信设备进网许可申请。
工业和信息化部在其办公场所公示申请程序、申请材料目录及申请书示范文本。申请人要求对公示内容予以说明、解释的，工业和信息化部应当予以说明、解释，提供准确、可靠的信息。
二、受理程序
申请进网的电信设备不属于进网许可范畴的，工业和信息化部应当即时告知申请人不受理，并出具加盖专用印章和注明日期的不予受理通知书。
申请材料不齐全或者形式不符合本办法要求的，工业和信息化部应当场或者在 5 个工作日内一次告知申请人需要补正的全部内容。
申请材料齐全、符合法定形式的，工业和信息化部应当受理申请，出具加盖专用印章和受理日期的受理通知书。
三、审查、决定程序
工业和信息化部应当自收到电信设备进网许可申请之日起 60 日内，对申请人提交的申请材料进行审查。经审查符合条件的，颁发进网许可证（含进网试用批文）并核发进网许可标志（含进网试用标志）；不符合条件的，应当书面通知申请人并说明理由，告知申请人享有依法申请行政复议或者提起行政诉讼的权利。
工业和信息化部可以组织专家对申请进网许可的无线电通信设备、涉及网间互联的设备或者电信新设备的总体技术方案、试验报告、检测报告等进行评审。评审所需时间依法不计算在工业和信息化部审批时限内，但应当将所需时间书面告知申请人。

续表

	四、变更、延续程序 被许可人对获得进网许可证的电信设备进行技术、外型改动的，应当进行检测或者重新办理进网许可证。 对获得进网许可证的电信设备外型改动较小，被许可人申请减免测试项目的，可以将改动前后的照片、电路原理图、改动说明和改动后的样品等交工业和信息化部进行审核。经工业和信息化部同意，可以减免测试项目。 电信设备进网许可证中规定的内容发生变化的，被许可人应当重新办理进网许可证。 进网许可证有效期届满，被许可人需要继续生产和销售已获得进网许可的电信设备的，应当在进网许可证有效期届满3个月前，重新申请办理进网许可证并交回原证。
备注	1. 国家对接入公用电信网的电信终端设备、无线电通信设备和涉及网间互联的电信设备实行进网许可制度。实行进网许可制度的电信设备应当获得工业和信息化部颁发的进网许可证；未获得进网许可证的，不得接入公用电信网使用和在国内销售。 2. 实行进网许可制度的电信设备目录，由工业和信息化部会同国务院产品质量监督部门制定并公布。 3. 实行进网许可制度但暂无国家标准、行业标准的电信新设备，由检测机构根据国际标准、企业标准确定相应的检测标准并报工业和信息化部审定后进行检测，并出具检测报告。工业和信息化部对检测报告和有关材料进行审查，在符合国家产业政策和不影响网络安全畅通的条件下，颁发进网试用批文批准进网试用，待国家标准、行业标准颁布后再按程序办理进网许可证。获得进网试用批文的电信新设备应当加贴进网试用标志。 4. 进网许可证的有效期为3年，进网试用批文有效期不超过1年。 5. 我国与其它国家或者地区政府间签署电信设备检测实验室和检测报告相互认可协议的，按协议规定执行。 6. 申请人提交申请后被依法告知需要补充材料的，补充材料的时间不计入审批期限内。

序号	3
项目名称	电信网码号资源使用审批
法律依据	《中华人民共和国电信条例》
实施主体	工业和信息化部、省、自治区、直辖市通信管理局 跨省、自治区、直辖市行政区域使用的码号审批，由工业和信息化部负责实施；在省、自治区、直辖市行政区域范围内使用的码号审批，由相关省、自治区、直辖市通信管理局负责实施

续表

受理单位	工业和信息化部电信管理局；省、自治区、直辖市通信管理局
许可条件	根据所申请号码种类的不同，申请人应当分别具备下列资格： (一) 1字头号码申请人资格：基础电信业务经营者或者中央、国家政府部门等。 (二) 95XXX短号码申请人资格：跨省电信业务经营者或者业务规模覆盖全国15个以上城市的服务型企事业单位（目前仅开放银行、保险部门）。 (三) 全国统一使用的其他智能业务接入码申请人资格：基础电信业务经营者。 (四) 国际NO.7信令点编码申请人资格：具有国际通信出入口局的基础电信业务经营者。 (五) 国内NO.7信令点编码申请人资格：电信业务经营者或者专用网单位。 (六) 本地电话网局号申请人资格：固定网本地电话业务经营者或者专用电信网单位。 (七) 96XXX短号码申请人资格：电信业务经营者或者服务性企事业。 详见工业和信息化部发布的《电信网码号资源分类管理目录》之表二和表三。 工业和信息化部或省、自治区、直辖市通信管理局应当根据码号资源规划、申请码号的用途和申请人的预期服务能力审批码号。
程序和期限	一、申请程序 根据申请使用的电信网码号资源种类的不同，申请人应当按照工业和信息化部发布的《电信网码号资源分类管理目录》的有关规定，向工业和信息化部或者省、自治区、直辖市通信管理局提交以下材料的相关部分： (一) 申请报告（包括申请码号的用途、使用范围、数量）。 (二) 申请资格证明材料及联系方式（有电信业务经营许可证的，应当提供许可证复印件）。 (三) 业务原使用码号资源情况（包括原使用的码号、码号使用的范围等，只适用于业务原使用码号的情况）。 (四) 业务发展规划和预期服务能力（包括业务种类及业务发展规划内容，业务发展进度安排、预期服务范围、服务内容、用户容量和所能提供的服务质量等）。 (五) 启用码号的技术方案（包括与启用码号有关的网络组织方案、与相关基础电信网络的连接方式、电信用户（服务对象）的接入方式等）。 (六) 码号启用实施进度安排（包括启用码号城市的时间安排、码号启用城市系统建设规模和目标、网络建设实施进度安排等）。 (七) 码号资源使用保证书（按照规定的格式作出书面保证）。 (八) 近期启用码号所需设备、线路等的准备情况（包括达到近期启用码号所需设备的订货或到货、存货情况，以及线路准备情况等）。

续表

	(九)原分配码号资源正在使用的情况和申请日前6个月内每月用户号码回收再利用情况。 (十)有关推广该公益服务的政府文件。 (十一)该公益服务归口主管部门及联系方式。 (十二)服务内容、服务量预测和服务质量保障措施。 (十三)专家评审后的业务开展可行性报告和专家评审意见。 (十四)申请码号使用规划。 二、受理、审查、决定程序 申请材料齐全、符合法定形式的,工业和信息化部或者省、自治区、直辖市通信管理局应当受理,并出具受理申请通知书;对不予受理的,应当向申请人出具不予受理通知书,并说明理由;对申请材料不齐全或者不符合法定形式的,应当在5个工作日内一次书面告知申请人需要补正的全部内容。 工业和信息化部或者省、自治区、直辖市通信管理局应当自出具受理申请通知书之日起20个工作日内完成审查工作,作出予以批准或者不予批准的决定。20个工作日内不能作出决定的,经工业和信息化部或者省、自治区、直辖市通信管理局负责人批准,可以延长10个工作日,并将延长期限的理由告知申请人。予以批准的,出具正式批准文件;不予批准的,书面通知申请人并说明理由。 工业和信息化部作出批准决定的,应当将批准文件抄送相关省、自治区、直辖市通信管理局和相关基础电信业务经营者;省、自治区、直辖市通信管理局依法作出批准决定的,应当将批准文件报工业和信息化部。
备注	1. 未经工业和信息化部或者省、自治区、直辖市通信管理局批准,任何单位或者个人不得擅自启用电信网码号资源。 2. 工业和信息化部与省、自治区、直辖市通信管理局负责分配管理的码号资源范围、各种码号的结构、位长、含义和管理要求,详见工业和信息化部发布的《电信网码号资源分类管理目录》。 3. 专用网单位、增值电信业务经营者(含省、自治区、直辖市范围内的增值电信业务经营者和跨地区的增值电信业务经营者)可以同与其有直接网络连接关系的基础电信业务经营者协商,使用后者的国内 NO.7 信令点编码。专用网单位也可以同预期有直接网络连接关系的基础电信业务经营者协商,使用后者的本地电话网千层或百层码号。

序号	4
项目名称	国际通信出入口局的设置和调整审批
法律依据	《中华人民共和国电信条例》
实施主体	工业和信息化部

续表

受理单位	工业和信息化部电信管理局
许可条件	一、申请设置国际通信出入口局应当满足下列条件： （一）国际通信出入口应当由国有电信业务经营者申请设置。 （二）国际通信信道出入口应当设置在国际海光缆或者陆地光缆易于登陆或者入境的地点，并应当考虑网络的安全可靠及方便向国内网络延伸等因素。 （三）国际通信业务出入口应当设置在国际通信业务集中的中心城市。 （四）边境地区国际通信出入口应当设置在与境外接壤的地市级以上（含地市级）城市，并应当考虑该城市的未来发展，及与其接壤的境外地区之间通信业务量水平等因素。 （五）国际通信出入口的设置数量、地点，由工业和信息化部根据我国国际通信网发展总体规划、电信业务经营者的申请和国际电信业务发展的需要确定。 二、撤销已设立的国际通信出入口，应当提前30日向工业和信息化部提出书面申请。 三、对已设立的国际通信出入口进行扩容调整，其建设项目应当按照有关规定经审批。电信业务经营者应当在开工90日前将扩容调整方案报工业和信息化部备案，但国家另有规定的除外。
程序和期限	一、申请程序 （一）申请设置国际通信出入口的，应当向工业和信息化部提交下列材料： 1. 设置国际通信出入口的申请。 2. 国际通信设施服务业务经营许可证或者相应的国际电信业务经营许可证。 3. 设置国际通信出入口的技术方案。 4. 工业和信息化部要求提交的其他相关材料。 （二）对已设立的国际通信出入口进行扩容调整的，应当向工业和信息化部提交下列材料： 1. 对国际通信出入口进行扩容调整的申请报告。 2. 获准设置该国际通信出入口的批准文件的复印件。 3. 国际通信出入口扩容调整技术方案（含网络信息安全保障技术措施）。 （三）申请撤销国际通信出入口的，应当向工业和信息化部提交下列材料： 1. 撤销国际通信出入口的申请。 2. 拟撤销的国际通信出入口的现状。 3. 撤销后的善后处理措施。 二、受理、审查、决定程序 申请材料齐全、符合法定形式的，工业和信息化部应当出具受理通知书；申请材料不齐全或者不符合法定形式的，工业和信息化部应当在5个工作日内一次告知申请人需要补正的全部内容。 工业和信息化部应当自出具受理通知书之日起20个工作日内，完成对申请材料的审查，作出予以批准或不予批准的决定。20个工作日内不能作出决定的，经工业和信息化部负责人批准，可以延长10个工作日，并将延长期限的理由告知申请人。予以批准的，向申请人颁发正式批准文件；不予批准的，书面通知申请人并说明理由。

续表

备注	1. 未经工业和信息化部批准，任何单位和个人不得以任何形式设置国际通信出入口局（包括国际通信信道出入口、国际通信业务出入口和边境地区国际通信出入口），不得擅自调整或者撤销已有的国际通信出入口局。 2. 经营用于国际通信的甚小地球站（VSAT）业务的电信业务经营者或者利用VSAT组建专网的单位，应当办理国际通信出入口审批手续，并在获准设置后，按照有关规定办理无线电台（站）设置审批手续。 3. 获准设置国际通信出入口后的建设项目，应当按照国家有关项目建设管理的规定履行相关手续。
序号	5
项目名称	设置卫星网络空间电台审批
法律依据	《国务院对确需保留的行政审批项目设定行政许可的决定》
实施主体	工业和信息化部
受理单位	工业和信息化部无线电管理局
许可条件	申请设置卫星网络空间电台的，应当具备下列条件： （一）具有法人资格。 （二）有与操作空间电台相适应的专业人员和必要的设施、资金。 （三）有履行国家无线电管理机构和国际规则规定义务的能力。 （四）符合国家无线电频率划分的空间无线电通信业务的无线电频率和卫星轨道规划及相关管理规定。 （五）按照有关规定完成国内、国际无线电频率和卫星轨道的协调，并达成协议。 （六）近三年内没有违反无线电管理规定的重大违法记录。 （七）法律、行政法规规定的其他条件。
程序和期限	一、申请和受理程序 （一）申请设置卫星网络空间电台的，应当向工业和信息化部提出申请，并提交下列材料： 1. 设置卫星网络空间电台申请表。 2. 空间电台技术资料申报表。 3. 完成国内、国际协调的证明材料。 4. 申请人资格证明。

199

续表

5. 申请人的技术人员和管理人员的主要情况。 6. 拥有必要资金的证明材料。 7. 开展特定空间业务的批准文件或者证明材料（如：开展卫星广播业务需要广电部门的批准；开展卫星气象业务需要气象部门的批准等）。 （二）工业和信息化部收到申请材料后，应当进行形式审查。申请材料齐全、符合法定形式的，应当受理申请，并出具受理通知书；申请材料不齐全、不符合法定形式的，应当当场或者在 5 个工作日内一次告知申请人应当补正的全部内容。 二、审查程序 工业和信息化部应当自受理申请之日起 20 个工作日内，完成对申请人所提交申请的实质性审查，作出予以批准或者不予批准的决定。予以批准的，应当自作出决定之日起 10 个工作日内，向申请人颁发《中华人民共和国空间电台执照》，并通知其办理设台手续。不予批准的，应当说明理由，并告知申请人享有依法申请行政复议或者提起行政诉讼的权利。 三、变更程序 空间电台应当按照核定的项目进行工作。变更空间电台轨道位置、使用频率、发射功率、天线特性等技术参数或使用用途的，应当向工业和信息化部提出书面申请，并提交完成国内、国际协调的相关材料。经审查、批准，办理设台手续并领取《中华人民共和国空间电台执照》后方可实施变更。

国家铁路局行政许可实施程序规定

（2021 年 1 月 28 日　国铁科法规〔2021〕5 号）

第一章　总　　则

第一条　为规范铁路行政许可工作，推进职能转变，深化"放管服"改革，依法行政、便民高效，依据《中华人民共和国行政许可法》等法律、行政法规和国家有关规定，制定本规定。

第二条　行政许可工作应当遵循合法、公开、公平、公正、便民、高效等原则。国家铁路局探索推行政许可"不见面"办理和

"告知承诺制"办理。

第三条 国家铁路局实行"一个窗口对外"的许可工作机制,由科技与法制司(以下称受理部门)管理"一站式"行政许可大厅,负责受理行政许可申请,送达行政许可决定。相关业务部门(以下称审查部门)按照职责分工,负责审查行政许可申请,拟订行政许可决定。

第四条 国家铁路局应当编制和提供服务指南,将实施的行政许可事项、依据、条件、程序、期限、需要提交的申请材料目录、所作出的行政许可决定以及许可申请书等格式文本,在国家铁路局政府网站等场所公开。

第二章 申请与受理

第五条 公民、法人或者其他组织向国家铁路局申请行政许可,应当通过现场、邮寄或网上提交申请,提交真实完整的申请材料。

申请书及相关申请材料的格式文本可从国家铁路局政府网站下载。

第六条 国家铁路局积极推进网上办理行政许可。申请人通过国家铁路局网上行政许可办理平台提交申请,应当在网上提供能够证明申请人身份的真实信息。

第七条 受理部门对申请人提交的申请材料,应当根据下列情况分别作出处理:

(一)申请事项依法不需要取得行政许可的,应当告知申请人不受理;

(二)申请事项依法不属于国家铁路局职权范围的,应当作出不予受理的决定,并告知申请人向有关行政机关申请;

(三)申请材料存在可以当场更正的错误的,应当允许申请人当场更正;

(四)申请材料不齐全或者不符合法定形式的,应当当场或者在

5个工作日内一次告知申请人需要补正的全部内容，逾期不告知的，自收到申请材料之日起即为受理；

（五）申请事项属于国家铁路局职权范围，申请材料齐全、符合法定形式，或者申请人按要求提交全部补正申请材料的，应当受理行政许可申请。

受理或者不予受理行政许可申请，应当出具加盖国家铁路局行政许可专用章和注明日期的受理或不予受理通知书。

第八条 行政许可申请受理后至行政许可决定作出前，申请人要求撤回行政许可申请的，可以撤回。受理部门收到申请人提交的书面撤回申请和受理凭证后，将行政许可申请材料退还申请人，行政许可办理程序终止。

第三章 审查与决定

第九条 受理部门应当及时将受理的行政许可申请材料转送审查部门审查。需要对申请材料的内容进行现场核实的，审查部门应当指派至少2名工作人员进行核查。必要时可依法组织听证、检验、检测、鉴定及专家评审。

第十条 实施行政许可需要聘请专家评审的，应当组建专家评审组。所选专家应当具备审查事项相关领域的专业技术知识和从业经历，具有高级以上技术职称或同等专业技术水平，且与申请人无利害关系。

第十一条 审查部门对行政许可申请进行审查时，发现行政许可事项直接关系他人重大利益的，应当告知该利害关系人。申请人、利害关系人有权进行陈述和申辩。审查部门应当听取申请人、利害关系人的意见。

第十二条 审查部门应当在规定的办理期限内依法提出准予或不予行政许可的审查意见，拟订行政许可书面决定及行政许可证件记载内容,送至受理部门。受理部门进行合法性审核,履行批准程序后,将行政许可决定送达申请人。

第十三条 行政许可决定应当包括以下主要内容:

(一)申请人;

(二)申请事项;

(三)审查结论;

(四)依据和理由;

(五)许可期限;

(六)作出许可决定的日期;

(七)作出不予行政许可决定的,应当告知申请人享有依法申请行政复议或者提起行政诉讼的权利。

(八)其他应当依法说明的内容。

第十四条 国家铁路局应当自受理行政许可申请之日起20个工作日内作出行政许可决定。20个工作日内不能作出决定的,经国家铁路局负责人批准,可以延长10个工作日,但应当将延长期限的理由书面告知申请人。法律、法规另有规定的,依照其规定。

听证、检验、检测、鉴定及专家评审的时间不计算在上述期限内,但应当将所需时间书面告知申请人。

第十五条 国家铁路局作出准予行政许可决定,需要颁发行政许可证件的,应当自作出许可决定之个工作日起10个工作日内向申请人颁发行政许可证件。

国家铁路局推广应用电子证照,探索开展行政许可证件电子送达。

第十六条 依法向国家铁路局申请变更、延续、撤销、注销已取得的行政许可或补办行政许可证件的,比照上述程序办理。

被许可人或利害关系人依法书面要求撤销、注销行政许可决定的,应当提交申请书、营业执照或身份证复印件、申请事由说明及相关证明材料。

第十七条 实施铁路机车车辆驾驶人员资格许可，应当根据申请人考试成绩和其他法定条件作出行政许可决定。具体程序执行《铁路机车车辆驾驶人员资格许可办法》（交通运输部令2019年第43号）及《铁路机车车辆驾驶人员资格许可实施细则》（国铁设备监规〔2020〕15号）等有关规定。

第四章 监督与管理

第十八条 国家铁路局应当建立健全监督检查制度，制定监督检查计划，依法组织开展许可监督检查。被许可人应当配合监督检查并如实提供有关情况和材料。

第十九条 国家铁路局实施行政许可和对行政许可事项组织开展监督检查，不得收取费用。法律、行政法规另有规定的，依照其规定。

第二十条 行政许可相关职能部门及其工作人员应当自觉遵守国家有关法律法规及相关工作制度、规定，严守工作纪律，依法履行职责，不得有下列行为：

（一）违反法定程序、期限，受理、审查、作出及送达行政许可决定；

（二）对不符合法定条件的申请予以受理、准予许可，或对符合法定条件的申请不予受理、不予许可；

（三）接受申请人的明示或暗示，对相关检验、检测、鉴定及专家评审等工作及其结果实施不正当干预；

（四）在监督检查中干预、妨碍被许可人正常的生产经营活动，或者发现被许可人的违法活动不依法作出处理；

（五）利用职权和职务上的影响谋取不正当利益；

（六）其他违反法定程序、超越法定职权、滥用职权实施行政许可的行为。

第二十一条 国家铁路局机关监督部门加强对行政许可相关职能部门及其工作人员履职情况的监督检查。对有违规违法情形的，责令相关部门改正；情节严重的，依法追究直接负责的主管人员和其他直接责任人员的责任。

国家铁路局建立网上投诉举报受理系统，公布投诉举报电话、邮箱，依法组织调查核实处理，查处违法违规行为。

第五章 附 则

第二十二条 本规定自发布之日起施行。原《国家铁路局行政许可实施程序规定》（国铁科法〔2016〕30号）同时废止。

市场监督管理行政许可程序暂行规定

（2019年8月21日国家市场监督管理总局令第16号公布 根据2022年3月24日《国家市场监督管理总局关于修改和废止有关规章的决定》修改）

第一章 总 则

第一条 为了规范市场监督管理行政许可程序，根据《中华人民共和国行政许可法》等法律、行政法规，制定本规定。

第二条 市场监督管理部门实施行政许可，适用本规定。

第三条 市场监督管理部门应当遵循公开、公平、公正、非歧视和便民原则，依照法定的权限、范围、条件和程序实施行政许可。

第四条 市场监督管理部门应当按照规定公示行政许可的事项、依据、条件、数量、实施主体、程序、期限（包括检验、检测、检疫、鉴定、专家评审期限）、收费依据（包括收费项目及标准）以及申请书示范文本、申请材料目录等内容。

第五条 符合法定要求的电子申请材料、电子证照、电子印章、电子签名、电子档案与纸质申请材料、纸质证照、实物印章、手写签名或者盖章、纸质档案具有同等法律效力。

第二章 实施机关

第六条 市场监督管理部门应当在法律、法规、规章规定的职权范围内实施行政许可。

第七条 上级市场监督管理部门可以将其法定职权范围内的行政许可，依照法律、法规、规章的规定，委托下级市场监督管理部门实施。

委托机关对受委托机关实施行政许可的后果承担法律责任。

受委托机关应当在委托权限范围内以委托机关的名义实施行政许可，不得再委托其他组织或者个人实施。

第八条 委托实施行政许可的，委托机关可以将行政许可的受理、审查、决定、变更、延续、撤回、撤销、注销等权限全部或者部分委托给受委托机关。

委托实施行政许可，委托机关和受委托机关应当签订委托书。委托书应当包含以下内容：

（一）委托机关名称；

（二）受委托机关名称；

（三）委托实施行政许可的事项以及委托权限；

（四）委托机关与受委托机关的权利和义务；

（五）委托期限。

需要延续委托期限的，委托机关应当在委托期限届满十五日前与受委托机关重新签订委托书。不再延续委托期限的，期限届满前已经受理或者启动撤回、撤销程序的行政许可，按照原委托权限实施。

第九条 委托机关应当向社会公告受委托机关和委托实施行政许可的事项、委托依据、委托权限、委托期限等内容。受委托机关应当按照本规定第四条规定公示委托实施的行政许可有关内容。

委托机关变更、中止或者终止行政许可委托的，应当在变更、中止或者终止行政许可委托十日前向社会公告。

第十条 市场监督管理部门实施行政许可，依法需要对设备、设施、产品、物品等进行检验、检测、检疫或者鉴定、专家评审的，可以委托专业技术组织实施。法律、法规、规章对专业技术组织的条件有要求的，应当委托符合法定条件的专业技术组织。

专业技术组织接受委托实施检验、检测、检疫或者鉴定、专家评审的费用由市场监督管理部门承担。法律、法规另有规定的，依照其规定。

专业技术组织及其有关人员对所实施的检验、检测、检疫或者鉴定、评审结论承担法律责任。

第三章　准入程序

第一节　申请与受理

第十一条 自然人、法人或其他组织申请行政许可需要采用申请书格式文本的，市场监督管理部门应当向申请人提供格式文本。申请书格式文本不得包含与申请行政许可事项没有直接关系的内容。

第十二条 申请人可以委托代理人提出行政许可申请。但是，依法应当由申请人本人到市场监督管理部门行政许可受理窗口提出行政许可申请的除外。

委托他人代为提出行政许可申请的，应当向市场监督管理部门提交由委托人签字或者盖章的授权委托书以及委托人、委托代理人的身份证明文件。

第十三条 申请人可以到市场监督管理部门行政许可受理窗口提出申请，也可以通过信函、传真、电子邮件或者电子政务平台提出申请，并对其提交的申请材料真实性负责。

第十四条 申请人到市场监督管理部门行政许可受理窗口提出申请的，以申请人提交申请材料的时间为收到申请材料的时间。

申请人通过信函提出申请的，以市场监督管理部门收讫信函的时间为收到申请材料的时间。

申请人通过传真、电子邮件或者电子政务平台提出申请的，以申请材料到达市场监督管理部门指定的传真号码、电子邮件地址或者电子政务平台的时间为收到申请材料的时间。

第十五条 市场监督管理部门对申请人提出的行政许可申请，应当根据下列情况分别作出处理：

（一）申请事项依法不需要取得行政许可的，应当即时作出不予受理的决定，并说明理由。

（二）申请事项依法不属于本行政机关职权范围的，应当即时作出不予受理的决定，并告知申请人向有关行政机关申请。

（三）申请材料存在可以当场更正的错误的，应当允许申请人当场更正，由申请人在更正处签字或者盖章，并注明更正日期。更正后申请材料齐全、符合法定形式的，应当予以受理。

（四）申请材料不齐全或者不符合法定形式的，应当即时或者自收到申请材料之日起五日内一次告知申请人需要补正的全部内容和合理的补正期限。按照规定需要在告知时一并退回申请材料的，应当予以退回。申请人无正当理由逾期不予补正的，视为放弃行政许可申请，市场监督管理部门无需作出不予受理的决定。市场监督管理部门逾期未告知申请人补正的，自收到申请材料之日起即为受理。

（五）申请事项属于本行政机关职权范围，申请材料齐全、符合法定形式，或者申请人按照本行政机关的要求提交全部补正申请材料的,应当受理行政许可申请。

第十六条　市场监督管理部门受理或者不予受理行政许可申请,或者告知申请人补正申请材料的,应当出具加盖本行政机关行政许可专用印章并注明日期的纸质或者电子凭证。

第十七条　能够即时作出行政许可决定的,可以不出具受理凭证。

第二节　审查与决定

第十八条　市场监督管理部门应当对申请人提交的申请材料进行审查。

申请人提交的申请材料齐全、符合法定形式,能够即时作出行政许可决定的,市场监督管理部门应当即时作出行政许可决定。

按照法律、法规、规章规定,需要核对申请材料原件的,市场监督管理部门应当核对原件并注明核对情况。申请人不能提供申请材料原件或者核对发现申请材料与原件不符,属于行政许可申请不符合法定条件、标准的,市场监督管理部门应当直接作出不予行政许可的决定。

根据法定条件和程序,需要对申请材料的实质内容进行核实的,市场监督管理部门应当指派两名以上工作人员进行核查。

法律、法规、规章对经营者集中、药品经营等行政许可审查程序另有规定的,依照其规定。

第十九条　市场监督管理部门对行政许可申请进行审查时,发现行政许可事项直接关系他人重大利益的,应当告知该利害关系人,并告知申请人、利害关系人依法享有陈述、申辩和要求举行听证的权利。

申请人、利害关系人陈述、申辩的,市场监督管理部门应当记录。申请人、利害关系人申请听证的,市场监督管理部门应当按照本规定第五章规定组织听证。

第二十条　实施检验、检测、检疫或者鉴定、专家评审的组织及其有关人员应当按照法律、法规、规章以及有关技术要求的规定开展工作。

法律、法规、规章以及有关技术要求对检验、检测、检疫或者鉴定、专家评审的时限有规定的，应当遵守其规定；没有规定的，实施行政许可的市场监督管理部门应当确定合理时限。

第二十一条　经审查需要整改的，申请人应当按照规定的时限和要求予以整改。除法律、法规、规章另有规定外，逾期未予整改或者整改不合格的，市场监督管理部门应当认定行政许可申请不符合法定条件、标准。

第二十二条　行政许可申请符合法定条件、标准的，市场监督管理部门应当作出准予行政许可的决定。

行政许可申请不符合法定条件、标准的，市场监督管理部门应当作出不予行政许可的决定，说明理由并告知申请人享有申请行政复议或者提起行政诉讼的权利。

市场监督管理部门作出准予或者不予行政许可决定的，应当出具加盖本行政机关印章并注明日期的纸质或者电子凭证。

第二十三条　法律、法规、规章和国务院文件规定市场监督管理部门作出不实施进一步审查决定，以及逾期未作出进一步审查决定或者不予行政许可决定，视为准予行政许可的，依照其规定。

第二十四条　行政许可的实施和结果，除涉及国家秘密、商业秘密或者个人隐私的外，应当公开。

第三节　变更与延续

第二十五条　被许可人要求变更行政许可事项的，应当向作出行政许可决定的市场监督管理部门提出变更申请。变更申请符合法定条件、标准的，市场监督管理部门应当予以变更。

法律、法规、规章对变更跨辖区住所登记的市场监督管理部门、变更或者解除经营者集中限制性条件的程序另有规定的，依照其规定。

第二十六条 行政许可所依据的法律、法规、规章修改或者废止，或者准予行政许可所依据的客观情况发生重大变化的，为了公共利益的需要，市场监督管理部门可以依法变更已经生效的行政许可。由此给自然人、法人或者其他组织造成财产损失的，作出变更行政许可决定的市场监督管理部门应当依法给予补偿。

依据前款规定实施的行政许可变更，参照行政许可撤回程序执行。

第二十七条 被许可人需要延续行政许可有效期的，应当在行政许可有效期届满三十日前向作出行政许可决定的市场监督管理部门提出延续申请。法律、法规、规章对被许可人的延续方式或者提出延续申请的期限等另有规定的，依照其规定。

市场监督管理部门应当根据被许可人的申请，在该行政许可有效期届满前作出是否准予延续的决定；逾期未作决定的，视为准予延续。

延续后的行政许可有效期自原行政许可有效期届满次日起算。

第二十八条 因纸质行政许可证件遗失或者损毁，被许可人申请补办的，作出行政许可决定的市场监督管理部门应当予以补办。法律、法规、规章对补办工业产品生产许可证等行政许可证件的市场监督管理部门另有规定的，依照其规定。

补办的行政许可证件实质内容与原行政许可证件一致。

第二十九条 行政许可证件记载的事项存在文字错误，被许可人向作出行政许可决定的市场监督管理部门申请更正的，市场监督管理部门应当予以更正。

作出行政许可决定的市场监督管理部门发现行政许可证件记载的事项存在文字错误的，应当予以更正。

除更正事项外，更正后的行政许可证件实质内容与原行政许可证件一致。

市场监督管理部门应当收回原行政许可证件或者公告原行政许可证件作废,并将更正后的行政许可证件依法送达被许可人。

第四节 终止与期限

第三十条 行政许可申请受理后行政许可决定作出前,有下列情形之一的,市场监督管理部门应当终止实施行政许可:

(一)申请人申请终止实施行政许可的;

(二)赋予自然人、法人或者其他组织特定资格的行政许可,该自然人死亡或者丧失行为能力,法人或者其他组织依法终止的;

(三)因法律、法规、规章修改或者废止,或者根据有关改革决定,申请事项不再需要取得行政许可的;

(四)按照法律、行政法规规定需要缴纳费用,但申请人未在规定期限内予以缴纳的;

(五)因不可抗力需要终止实施行政许可的;

(六)法律、法规、规章规定的应当终止实施行政许可的其他情形。

第三十一条 市场监督管理部门终止实施行政许可的,应当出具加盖本行政机关行政许可专用印章并注明日期的纸质或者电子凭证。

第三十二条 市场监督管理部门终止实施行政许可,申请人已经缴纳费用的,应当将费用退还申请人,但收费项目涉及的行政许可环节已经完成的除外。

第三十三条 除即时作出行政许可决定外,市场监督管理部门应当在《中华人民共和国行政许可法》规定期限内作出行政许可决定。但是,法律、法规另有规定的,依照其规定。

第三十四条 市场监督管理部门作出行政许可决定,依法需要听证、检验、检测、检疫、鉴定、专家评审的,所需时间不计算在本节规定的期限内。市场监督管理部门应当将所需时间书面告知申请人。

第三十五条 市场监督管理部门作出准予行政许可决定,需要颁发行政许可证件或者加贴标签、加盖检验、检测、检疫印章的，应当自作出决定之日起十日内向申请人颁发、送达行政许可证件或者加贴标签、加盖检验、检测、检疫印章。

第四章　退出程序

第一节　撤　回

第三十六条　有下列情形之一的，市场监督管理部门为了公共利益的需要，可以依法撤回已经生效的行政许可：

（一）行政许可依据的法律、法规、规章修改或者废止的；

（二）准予行政许可所依据的客观情况发生重大变化的。

第三十七条　行政许可所依据的法律、行政法规修改或者废止的，国家市场监督管理总局认为需要撤回行政许可的，应当向社会公告撤回行政许可的事实、理由和依据。

行政许可所依据的地方性法规、地方政府规章修改或者废止的，地方性法规、地方政府规章制定机关所在地市场监督管理部门认为需要撤回行政许可的，参照前款执行。

作出行政许可决定的市场监督管理部门应当按照公告要求撤回行政许可，向被许可人出具加盖本行政机关印章并注明日期的纸质或者电子凭证，或者向社会统一公告撤回行政许可的决定。

第三十八条　准予行政许可所依据的客观情况发生重大变化的，作出行政许可决定的市场监督管理部门可以根据被许可人、利害关系人的申请或者依据职权，对可能需要撤回的行政许可进行审查。

作出行政许可撤回决定前，市场监督管理部门应当将拟撤回行政许可的事实、理由和依据书面告知被许可人，并告知被许可人依法享有陈述、申辩和要求举行听证的权利。市场监督管理部门发现行政许可事项直接关系他人重大利益的，还应当同时告知该利害关系人。

被许可人、利害关系人陈述、申辩的,市场监督管理部门应当记录。被许可人、利害关系人自被告知之日起五日内未行使陈述权、申辩权的,视为放弃此权利。被许可人、利害关系人申请听证的,市场监督管理部门应当按照本规定第五章规定组织听证。

市场监督管理部门作出撤回行政许可决定的,应当出具加盖本行政机关印章并注明日期的纸质或者电子凭证。

第三十九条 撤回行政许可给自然人、法人或者其他组织造成财产损失的,作出撤回行政许可决定的市场监督管理部门应当依法给予补偿。

第二节 撤 销

第四十条 有下列情形之一的,作出行政许可决定的市场监督管理部门或者其上级市场监督管理部门,根据利害关系人的申请或者依据职权,可以撤销行政许可:

(一)滥用职权、玩忽职守作出准予行政许可决定的;

(二)超越法定职权作出准予行政许可决定的;

(三)违反法定程序作出准予行政许可决定的;

(四)对不具备申请资格或者不符合法定条件的申请人准予行政许可的;

(五)依法可以撤销行政许可的其他情形。

第四十一条 被许可人以欺骗、贿赂等不正当手段取得行政许可的,作出行政许可决定的市场监督管理部门或者其上级市场监督管理部门应当予以撤销。

第四十二条 市场监督管理部门发现其作出的行政许可决定可能存在本规定第四十条、第四十一条规定情形的,参照《市场监督管理行政处罚程序规定》有关规定进行调查核实。

发现其他市场监督管理部门作出的行政许可决定可能存在本规定第四十条、第四十一条规定情形的,应当将有关材料和证据移送作出行政许可决定的市场监督管理部门。

上级市场监督管理部门发现下级市场监督管理部门作出的行政许可决定可能存在本规定第四十条、第四十一条规定情形的，可以自行调查核实，也可以责令作出行政许可决定的市场监督管理部门调查核实。

第四十三条　作出撤销行政许可决定前，市场监督管理部门应当将拟撤销行政许可的事实、理由和依据书面告知被许可人，并告知被许可人依法享有陈述、申辩和要求举行听证的权利。市场监督管理部门发现行政许可事项直接关系他人重大利益的，还应当同时告知该利害关系人。

第四十四条　被许可人、利害关系人陈述、申辩的，市场监督管理部门应当记录。被许可人、利害关系人自被告知之日起五日内未行使陈述权、申辩权的，视为放弃此权利。

被许可人、利害关系人申请听证的，市场监督管理部门应当按照本规定第五章规定组织听证。

第四十五条　市场监督管理部门应当自本行政机关发现行政许可决定存在本规定第四十条、第四十一条规定情形之日起六十日内作出是否撤销的决定。不能在规定期限内作出决定的，经本行政机关负责人批准，可以延长二十日。

需要听证、检验、检测、检疫、鉴定、专家评审的，所需时间不计算在前款规定的期限内。

第四十六条　市场监督管理部门作出撤销行政许可决定的，应当出具加盖本行政机关印章并注明日期的纸质或者电子凭证。

第四十七条　撤销行政许可，可能对公共利益造成重大损害的，不予撤销。

依照本规定第四十条规定撤销行政许可，被许可人的合法权益受到损害的，作出被撤销的行政许可决定的市场监督管理部门应当依法给予赔偿。依照本规定第四十一条规定撤销行政许可的，被许可人基于行政许可取得的利益不受保护。

第三节 注 销

第四十八条 有下列情形之一的，作出行政许可决定的市场监督管理部门依据申请办理行政许可注销手续：

（一）被许可人不再从事行政许可活动，并且不存在因涉嫌违法正在被市场监督管理部门或者司法机关调查的情形，申请办理注销手续的；

（二）被许可人或者清算人申请办理涉及主体资格的行政许可注销手续的；

（三）赋予自然人特定资格的行政许可，该自然人死亡或者丧失行为能力，其近亲属申请办理注销手续的；

（四）因不可抗力导致行政许可事项无法实施，被许可人申请办理注销手续的；

（五）法律、法规规定的依据申请办理行政许可注销手续的其他情形。

第四十九条 有下列情形之一的，作出行政许可决定的市场监督管理部门依据职权办理行政许可注销手续：

（一）行政许可有效期届满未延续的，但涉及主体资格的行政许可除外；

（二）赋予自然人特定资格的行政许可，市场监督管理部门发现该自然人死亡或者丧失行为能力，并且其近亲属未在其死亡或者丧失行为能力之日起六十日内申请办理注销手续的；

（三）法人或者其他组织依法终止的；

（四）行政许可依法被撤销、撤回，或者行政许可证件依法被吊销的，但涉及主体资格的行政许可除外；

（五）法律、法规规定的依据职权办理行政许可注销手续的其他情形。

第五十条 法律、法规、规章对办理食品生产、食品经营等行政许可注销手续另有规定的，依照其规定。

第五十一条 市场监督管理部门发现本行政区域内存在有本规定第四十九条规定的情形但尚未被注销的行政许可的，应当逐级上报或者通报作出行政许可决定的市场监督管理部门。收到报告或者通报的市场监督管理部门依法办理注销手续。

第五十二条 注销行政许可的，作出行政许可决定的市场监督管理部门应当收回行政许可证件或者公告行政许可证件作废。

第五章 听证程序

第五十三条 法律、法规、规章规定实施行政许可应当听证的事项，或者市场监督管理部门认为需要听证的其他涉及公共利益的重大行政许可事项，市场监督管理部门应当向社会公告，并举行听证。

行政许可直接涉及行政许可申请人与他人之间重大利益关系，行政许可申请人、利害关系人申请听证的，应当自被告知听证权利之日起五日内提出听证申请。市场监督管理部门应当自收到听证申请之日起二十日内组织听证。行政许可申请人、利害关系人未在被告知听证权利之日起五日内提出听证申请的，视为放弃此权利。

行政许可因存在本规定第三十六条第二项、第四十条、第四十一条规定情形可能被撤回、撤销，被许可人、利害关系人申请听证的，参照本条第二款规定执行。

第五十四条 市场监督管理部门应当自依据职权决定组织听证之日起三日内或者自收到听证申请之日起三日内确定听证主持人。必要时，可以设一至二名听证员，协助听证主持人进行听证。记录员由听证主持人指定，具体承担听证准备和听证记录工作。

与听证的行政许可相关的工作人员不得担任听证主持人、听证员和记录员。

第五十五条 行政许可申请人或者被许可人、申请听证的利害关系人是听证当事人。

与行政许可有利害关系的其他组织或者个人,可以作为第三人申请参加听证,或者由听证主持人通知其参加听证。

与行政许可有关的证人、鉴定人等经听证主持人同意,可以参加听证。

听证当事人、第三人以及与行政许可有关的证人、鉴定人等,不承担市场监督管理部门组织听证的费用。

第五十六条 听证当事人、第三人可以委托一至二人代为参加听证。

委托他人代为参加听证的,应当向市场监督管理部门提交由委托人签字或者盖章的授权委托书以及委托人、委托代理人的身份证明文件。

授权委托书应当载明委托事项及权限。委托代理人代为撤回听证申请或者明确放弃听证权利的,应当具有委托人的明确授权。

第五十七条 听证准备及听证参照《市场监督管理行政处罚听证办法》有关规定执行。

第五十八条 记录员应当如实记录听证情况。听证当事人、第三人以及与行政许可有关的证人、鉴定人等应当在听证会结束后核对听证笔录,经核对无误后当场签字或者盖章。听证当事人、第三人拒绝签字或者盖章的,应当予以记录。

第五十九条 市场监督管理部门应当根据听证笔录,作出有关行政许可决定。

第六章　送达程序

第六十条 市场监督管理部门按照本规定作出的行政许可相关凭证或者行政许可证件,应当依法送达行政许可申请人或者被许可人。

第六十一条 行政许可申请人、被许可人应当提供有效的联系电话和通讯地址，配合市场监督管理部门送达行政许可相关凭证或者行政许可证件。

第六十二条　市场监督管理部门参照《市场监督管理行政处罚程序规定》有关规定进行送达。

第七章　监督管理

第六十三条　国家市场监督管理总局以及地方性法规、地方政府规章制定机关所在地市场监督管理部门可以根据工作需要对本行政机关以及下级市场监督管理部门行政许可的实施情况及其必要性进行评价。

自然人、法人或者其他组织可以向市场监督管理部门就行政许可的实施提出意见和建议。

第六十四条　市场监督管理部门可以自行评价，也可以委托第三方机构进行评价。评价可以采取问卷调查、听证会、论证会、座谈会等方式进行。

第六十五条　行政许可评价的内容应当包括：

（一）实施行政许可的总体状况；

（二）实施行政许可的社会效益和社会成本；

（三）实施行政许可是否达到预期的管理目标；

（四）行政许可在实施过程中遇到的问题和原因；

（五）行政许可继续实施的必要性和合理性；

（六）其他需要评价的内容。

第六十六条　国家市场监督管理总局完成评价后，应当对法律、行政法规设定的行政许可提出取消、保留、合并或者调整行政许可实施层级等意见建议，并形成评价报告，报送行政许可设定机关。

地方性法规、地方政府规章制定机关所在地市场监督管理部门完成评价后，对法律、行政法规设定的行政许可，应当将评价报告报送国家市场监督管理总局；对地方性法规、地方政府规章设定的行政许可，应当将评价报告报送行政许可设定机关。

第六十七条　市场监督管理部门发现本行政机关实施的行政许可存在违法或者不当的，应当及时予以纠正。

上级市场监督管理部门应当加强对下级市场监督管理部门实施行政许可的监督检查，及时发现和纠正行政许可实施中的违法或者不当行为。

第六十八条　委托实施行政许可的，委托机关应当通过定期或者不定期检查等方式，加强对受委托机关实施行政许可的监督检查，及时发现和纠正行政许可实施中的违法或者不当行为。

第六十九条　行政许可依法需要实施检验、检测、检疫或者鉴定、专家评审的，市场监督管理部门应当加强对有关组织和人员的监督检查，及时发现和纠正检验、检测、检疫或者鉴定、专家评审活动中的违法或者不当行为。

第八章　法律责任

第七十条　行政许可申请人隐瞒有关情况或者提供虚假材料申请行政许可的，市场监督管理部门不予受理或者不予行政许可，并给予警告；行政许可申请属于直接关系公共安全、人身健康、生命财产安全事项的，行政许可申请人在一年内不得再次申请该行政许可。

第七十一条　被许可人以欺骗、贿赂等不正当手段取得行政许可的，市场监督管理部门应当依法给予行政处罚；取得的行政许可属于直接关系公共安全、人身健康、生命财产安全事项的，被许可人在三年内不得再次申请该行政许可；涉嫌构成犯罪，依法需要追究刑事责任的，按照有关规定移送公安机关。

第七十二条　受委托机关超越委托权限或者再委托其他组织和个人实施行政许可的，由委托机关责令改正，予以通报。

第七十三条 市场监督管理部门及其工作人员有下列情形之一的，由其上级市场监督管理部门责令改正；情节严重的，对直接负责的主管人员和其他直接责任人员依法给予行政处分：

（一）对符合法定条件的行政许可申请不予受理的；

（二）未按照规定公示依法应当公示的内容的；

（三）未向行政许可申请人、利害关系人履行法定告知义务的；

（四）申请人提交的申请材料不齐全或者不符合法定形式，未一次告知申请人需要补正的全部内容的；

（五）未依法说明不予受理行政许可申请或者不予行政许可的理由的；

（六）依法应当举行听证而未举行的。

第九章 附 则

第七十四条 本规定下列用语的含义：

行政许可撤回，指因存在法定事由，为了公共利益的需要，市场监督管理部门依法确认已经生效的行政许可失效的行为。

行政许可撤销，指因市场监督管理部门与被许可人一方或者双方在作出行政许可决定前存在法定过错，由市场监督管理部门对已经生效的行政许可依法确认无效的行为。

行政许可注销，指因存在导致行政许可效力终结的法定事由，市场监督管理部门依据法定程序收回行政许可证件或者确认行政许可证件作废的行为。

第七十五条 市场监督管理部门在履行职责过程中产生的行政许可准予、变更、延续、撤回、撤销、注销等信息，按照有关规定予以公示。

第七十六条 除法律、行政法规另有规定外，市场监督管理部门实施行政许可，不得收取费用。

第七十七条 本规定规定的期限以工作日计算，不含法定节假日。按照日计算期限的，开始的当日不计入，自下一日开始计算。

本规定所称"以上"，包含本数。

第七十八条 药品监督管理部门和知识产权行政部门实施行政许可，适用本规定。

第七十九条 本规定自2019年10月1日起施行。2012年10月26日原国家质量监督检验检疫总局令第149号公布的《质量监督检验检疫行政许可实施办法》同时废止。

中华人民共和国海事行政许可条件规定

（2015年5月29日交通运输部发布 根据2016年9月2日《交通运输部关于修改〈中华人民共和国海事行政许可条件规定〉的决定》第一次修正 根据2017年5月23日《交通运输部关于修改〈中华人民共和国海事行政许可条件规定〉的决定》第二次修正 根据2018年10月20日《交通运输部关于修改〈中华人民共和国海事行政许可条件规定〉的决定》第三次修正 根据2021年9月1日《交通运输部关于修改〈中华人民共和国海事行政许可条件规定〉的决定》第四次修正）

第一章 总 则

第一条 为依法实施海事行政许可，维护海事行政许可各方当事人的合法权益，根据《中华人民共和国行政许可法》和有关海事管理的法律、行政法规以及中华人民共和国缔结或者加入的有关国际海事公约，制定本规定。

第二条 申请及受理、审查、决定海事行政许可所依照的海事行政许可条件，应当遵守本规定。

本规定所称海事行政许可，是指依据有关水上交通安全、防治船舶污染水域等海事管理的法律、行政法规、国务院决定设定的，由海事管理机构实施，或者由交通运输部实施、海事管理机构具体办理的行政许可。

第三条 海事管理机构在审查、决定海事行政许可时，不得擅自增加、减少或者变更海事行政许可条件。不符合本规定相应条件的，不得做出准予的海事行政许可决定。

第四条 海事行政许可条件应当按照《交通行政许可实施程序规定》予以公示。申请人要求对海事行政许可条件予以说明的，海事管理机构应当予以说明。

第五条 国家海事管理机构应当根据海事行政许可条件，统一明确申请人应当提交的材料。有关海事管理机构应当将材料目录予以公示。

申请人申请海事行政许可时，应当按照规定提交申请书和相关的材料，并对所提交材料的真实性和有效性负责。

申请变更海事行政许可、延续海事行政许可期限的，申请人可以仅就发生变更的事项或者情况提交相关的材料；已提交过的材料情况未发生变化的可以不再提交。

第二章 海事行政许可条件

第六条 在内河通航水域载运、拖带超重、超长、超高、超宽、半潜物体或者拖放竹、木等物体许可的条件：

（一）确有拖带的需求和必要的理由；

（二）拖轮适航、适拖，船员适任；

（三）已制定拖带计划和方案，有明确的拖带预计起止时间和地点及航经的水域；

（四）满足水上交通安全和防污染要求，并已制定保障水上交通安全、防污染的措施以及应急预案。

第七条 沿海专用航标的设置、撤除、位置移动和其他状况改变审批的条件：

（一）拟设置、撤除、位置移动和其他状况改变的航标属于依法由海洋工程、海岸工程的建设单位、所有人或者经营人设置的专用航标；

（二）航标的设置、撤除、位置移动和其他状况改变符合航行安全、经济、便利等要求及航标正常使用的要求；

（三）航标及其配布符合国家有关技术规范和标准；

（四）航标设计、施工方案，已经专门的技术评估或者专家论证；

（五）申请设置航标的，已制定航标维护方案，方案中确定的维护单位已建立航标维护质量保证体系。

第八条 外国籍船舶临时进入非对外开放水域许可的条件：

（一）船舶具有齐备、有效的证书、文书与资料；

（二）船舶配员符合最低安全配员的要求，船员具备适任资格；

（三）船舶拟临时进入的非对外开放水域已经当地口岸检查机关、军事主管部门、地方人民政府同意并获国家有关主管部门批准允许国际航行船舶临时进入；停靠的码头、泊位、港外装卸点满足安全、防污染和保安要求；

（四）载运货物的船舶，所载货物没有国家禁止入境的货物或者物品；载运危险货物和污染危害性货物的船舶，按规定已办理船舶载运危险货物和污染危害性货物进港许可；

（五）核动力船舶或者其他特定的船舶，符合我国法律、行政法规、规章的相关规定。

外国籍船舶驶离非对外开放水域应依据第九条有关规定，办理国际航行船舶出口岸许可。

第九条 国际航行船舶进出口岸审批的条件：

国际航行船舶进口岸审批的条件：

（一）船舶具有齐备、有效的证书、文书与资料；

（二）船舶配员符合最低安全配员的要求，船员具备适任资格；

（三）船舶拟进入水域为对国际航行船舶开放水域，停靠的码头、泊位、港外装卸点满足安全、防污染和保安要求；

（四）载运货物的船舶所载货物没有国家禁止入境的货物或者物品；载运危险货物和污染危害性货物的船舶，按规定已办理船舶载运危险货物和污染危害性货物进港审批；

（五）核动力船舶或者其他特定的船舶，符合我国法律、行政法规、规章的相关规定。

国际航行船舶出口岸审批的条件：

（一）船舶具有齐备、有效的证书、文书与资料；

（二）船舶配员符合最低安全配员的要求，船员具备适任资格；

（三）载运货物的船舶所载货物，符合安全积载和系固的要求；

（四）载运危险货物和污染危害性货物的船舶，按规定已办理船舶载运危险货物和污染危害性货物出港审批，载运情况符合船舶载运危险货物的安全、防污染和保安管理要求；

（五）船舶船旗国或者港口国对船舶的安全检查情况和缺陷纠正情况符合规定的要求，对海事管理机构的警示，已经采取有效的措施；

（六）已依法缴纳税、费和其他应当在开航前交付的费用，或者已提供适当的担保；

（七）违反海事行政管理的行为已经依法予以处理；

（八）禁止船舶航行的司法或者行政强制措施已经依法解除；

（九）核动力船舶或者其他特定的船舶，符合我国法律、行政法规、规章的相关规定；

（十）已经其他口岸检查机关同意。

第十条　船舶国籍证书核发的条件：

船舶国籍证书签发的条件：

（一）船舶已依法办理船舶所有权登记；

（二）船舶具备适航技术条件，并经船舶检验机构检验合格；

（三）船舶不具有造成双重国籍或者两个及以上船籍港的情形；

（四）船舶国籍登记申请人为船舶所有人。

船舶临时国籍证书签发的条件：

（一）申请签发临时国籍证书的船舶属于下列情形之一：

1. 向境外出售新造的船舶，属于境外到岸交船的；

2. 从境外购买或建造的新造船舶，属于境外离岸交船的；

3. 境内异地建造船舶，需要航行至拟登记港的；

4. 以光船条件从境外租进船舶的；

5. 从境外购买二手船舶，需要办理临时船舶国籍证书的；

6. 因船舶买卖发生船籍港变化，需要办理临时船舶国籍证书的；

7. 因船舶所有人住所或者船舶航线变更导致变更船舶登记机关，需要办理临时船舶国籍证书的。

（二）已取得船舶所有权或者签订了生效的光船租赁合同；

（三）船舶临时国籍登记申请人为船舶所有人或者以光船条件从境外租进船舶的光船承租人；

（四）船舶具备相应的适航技术条件，并经船舶检验机构检验合格；

（五）船舶不具有造成双重国籍或者两个及以上船籍港的情形；

（六）船舶已取得经海事管理机构核定的船名和船舶识别号。

第十一条　海船油污损害民事责任保险或其他财务保证证书核发的条件：

（一）船舶为海事管理机构登记的本船籍港船舶；

（二）其所持的油污保险或其他财务保证证书，为具有相应赔偿能力的金融机构或者互助性保险机构办理；

（三）其保险金额不得低于《中华人民共和国船舶油污损害民事责任保险实施办法》的规定。

第十二条 载运危险货物或者海上载运污染危害性货物进出港口审批的条件：

（一）所载运的危险货物或者污染危害性货物符合水上安全运输和防治船舶污染水域环境要求，且不属于国家规定禁止通过水路运输的货物；

（二）船舶的装载符合所持有的证书、文书的要求；

（三）拟靠泊或者进行危险货物或者污染危害性货物装卸作业的港口、码头、泊位具备有关法律、行政法规规定的危险货物作业经营资质；

（四）需要办理货物进出口手续的已按有关规定办理。

船舶载运的污染危害性货物同时属于危险货物的，其货物所有人、承运人或者代理人可将船舶载运污染危害性货物进出港口申报和船舶载运危险货物进出港口申报合并办理。对于过境停留的污染危害性货物，免于办理货物适运申报或者报告。

第十三条 船舶从事散装液体污染危害性货物过驳作业，在港口水域外从事内河危险货物过驳作业或者海上散装液体危险货物过驳作业审批的条件：

（一）拟进行过驳作业的船舶或者水上设施满足水上交通安全与防治船舶污染水域环境的要求；

（二）拟过驳的货物符合安全过驳要求；

（三）参加过驳作业的人员具备法律、行政法规规定的过驳作业能力；

（四）拟作业水域及其底质、周边环境适宜过驳作业；

（五）过驳作业对水域资源以及附近的军事目标、重要民用目标不构成威胁；

（六）有符合安全与防治船舶污染要求的过驳作业方案、安全保障措施和应急预案。

第十四条 危险化学品水路运输人员（申报人员、集装箱现场检查员）资格认可的条件：

（一）具有中华人民共和国国籍；

（二）年满18周岁，具有完全民事行为能力；

（三）近2年内经海事管理机构考核合格；

（四）首次申请的，应当具有在同1个从业单位连续3个月的相应业务实习经历；

（五）检查员具有正常辨色力；

（六）无因谎报、瞒报危险化学品违规行为曾被吊销从业资格的情形。

第十五条 海员证核发的条件：

（一）是中华人民共和国公民；

（二）持有国际航行船舶或者特殊航线船舶船员适任证书，或者有确定的船员出境任务；

（三）无法律、行政法规规定的禁止出境的情形。

第十六条 培训机构从事船员（引航员）培训业务审批的条件：

（一）有符合交通运输部规定的与培训类别和项目相匹配的具体技术要求的场地、设施和设备；

（二）有符合交通运输部规定的与培训类别和项目相匹配的具体技术要求的教学人员，教学人员的80%应当通过中华人民共和国海事局组织的考试，并取得相应证明；

（三）有与船员培训项目相适应的管理人员：

1. 配备专职教学管理人员、教学设施设备管理人员、培训发证管理人员和档案管理人员；

2. 教学管理人员至少 2 人，具有航海类中专以上学历或者其他专业大专以上学历，熟悉相关法规，熟悉所管理的培训项目；

3. 教学设施设备管理人员至少 1 人，具有中专以上学历，能够熟练操作所管理的设施、设备。

（四）有健全的船员培训管理制度，具体包括学员管理制度、教学人员管理制度、培训课程设置制度、培训证明发放制度、教学设施设备管理制度和档案管理制度；

（五）有健全的安全防护制度，具体包括人身安全防护制度和突发事件应急制度等；

（六）有符合交通运输部规定的船员培训质量控制体系。

第十七条 航运公司安全营运与防污染能力符合证明核发的条件：

公司《临时符合证明》签发的条件：

（一）具有法人资格；

（二）新建立或者重新运行安全管理体系，或者在公司《临时符合证明》或者《符合证明》上增加新的船舶种类；

（三）已作出在取得《临时符合证明》后 6 个月内运行安全管理体系的计划安排；

（四）已通过海事管理机构对公司的安全管理体系审核；

（五）《符合证明》或者《临时符合证明》被吊销的，自吊销之日起应满 6 个月。

公司《符合证明》签发的条件：

（一）具有法人资格；

（二）安全管理体系已在岸基和每一船种至少 1 艘船上运行 3 个月；

（三）持有有效的《临时符合证明》；

（四）已通过海事管理机构对公司的安全管理体系审核。

船舶《临时安全管理证书》签发的条件：

（一）新纳入或者重新纳入公司安全管理体系进行管理；

（二）已配备公司制定的适用于本船的安全管理体系文件；

（三）公司已取得适用于该船舶种类的《临时符合证明》或《符合证明》；

（四）在船舶所有人未变更的情况下，前两次未连续持有《临时安全管理证书》；

（五）船舶委托管理的，负责管理船舶的公司与船舶所有人或者经营人签订了船舶管理书面协议；

（六）已通过海事管理机构对船舶的安全管理体系审核。

船舶《安全管理证书》签发的条件：

（一）已配备公司制定的适用于本船的安全管理体系文件；

（二）安全管理体系已在本船运行至少3个月；

（三）公司已取得适用于该船种的《符合证明》；

（四）持有有效的《临时安全管理证书》；

（五）已通过海事管理机构对船舶的安全管理体系审核。

第十八条 设立验船机构审批的条件：

（一）具有与拟从事的船舶检验业务相适应的检验场所、设备、仪器、资料；

（二）具有拟从事的船舶检验业务的验船能力和责任能力；

（三）具有与拟从事的船舶检验业务相适应的执业验船人员；

（四）具有相应的检验工作制度和保证船舶检验质量的管理体系；

（五）拟从事的船舶检验业务范围符合交通运输部的规定；

（六）需要设立分支机构的，设置方案和管理制度符合船舶检验管理的要求；

（七）外国船舶检验机构在我国设立验船公司的，除满足上述条件外，验船公司雇佣的外国公民应当符合相应国家机关规定的资格和符合我国关于外国人从业的规定，并持有船旗国政府允许在华从事法定船舶检验业务的授权文件。

第三章 附　则

第十九条　本规定自 2015 年 7 月 1 日起施行。2006 年 1 月 9 日以交通部令 2006 年第 1 号公布的《中华人民共和国海事行政许可条件规定》同时废止。

中国证券监督管理委员会
行政许可实施程序规定

（2009 年 12 月 16 日中国证券监督管理委员会令第 6 号公布　根据 2018 年 3 月 8 日中国证券监督管理委员会《关于修改〈中国证券监督管理委员会行政许可实施程序规定〉的决定》修正　2023 年 2 月 17 日中国证券监督管理委员会令第 217 号修订公布）

第一章 总　则

第一条　为了规范中国证券监督管理委员会（以下简称中国证监会）实施行政许可行为，完善证券期货行政许可实施程序制度，根据《中华人民共和国行政许可法》《中华人民共和国证券法》《中华人民共和国证券投资基金法》《中华人民共和国期货和衍生品法》等法律、行政法规，制定本规定。

第二条　本规定所称行政许可，是指中国证监会根据自然人、法人或者其他组织（以下称申请人）的申请，经依法审查，准予其从事证券期货市场特定活动的行为。

第三条　中国证监会实施行政许可，其程序适用本规定。

申请人依法取得行政许可后,申请变更行政许可、延续行政许可有效期的,适用本规定。

第四条 中国证监会依照法定的权限、范围、条件和程序实施行政许可,遵循公开、公平、公正和便民的原则,提高办事效率,提供优质服务。

法律、行政法规规定实施行政许可应当遵循审慎监管原则的,从其规定。

第五条 中国证监会可以依法授权派出机构实施行政许可。授权实施的行政许可,以派出机构的名义作出行政许可决定。

第六条 中国证监会实施行政许可实行统一受理或接收、统一送达、一次告知补正、说明理由、公示等制度。

第七条 中国证监会建设在线政务服务平台,推动行政许可事项全流程网上办理,鼓励并支持申请人通过中国证监会政务服务平台办理行政许可事项。

第二章 一般程序

第一节 受 理

第八条 中国证监会实施行政许可,由专门的机构(以下称受理部门)办理行政许可申请受理事项。

第九条 申请人提交申请材料,受理部门应当要求申请人出示单位介绍信、身份证等身份证明文件,并予以核对。申请人委托他人提交申请材料的,受理部门还应当要求受托人提交申请人的授权委托书,出示受托人的身份证明文件。受理部门应当留存申请人、申请人的受托人的身份证明文件复印件。

申请人提交申请材料,应当填写《申请材料情况登记表》。

第十条 受理部门发现申请事项依法不需要取得行政许可或者

不属于中国证监会职权范围的,应当即时告知申请人不予受理,并出具不予受理通知。申请事项依法不属于中国证监会职权范围的,还应当同时告知申请人向有关行政机关申请。

第十一条　受理部门接收申请材料,应当及时办理登记手续,并向申请人开具申请材料接收凭证。

第十二条　负责审查申请材料的部门(以下称审查部门)对申请材料进行形式审查,需要申请人补正申请材料的,应当自出具申请材料接收凭证之日起五个工作日内一次性提出全部补正要求。审查部门不得多次要求申请人补正申请材料。

第十三条　需要申请人补正申请材料的,受理部门应当出具补正通知;申请人补正申请材料需要使用已提交申请材料的,应当将申请材料退回申请人并予以登记。

申请人应当自补正通知发出之日起三十个工作日内提交补正申请材料。

受理部门负责接收、登记申请人按照要求提交的补正申请材料。

第十四条　申请人在作出受理申请决定之前要求撤回申请的,受理部门应当检查并留存申请人或者其受托人的身份证明文件(或复印件)、授权委托书、撤回申请的报告,收回申请材料接收凭证,经登记后将申请材料退回申请人。

将申请材料退回申请人,应当留存一份申请材料(或复印件)。

第十五条　申请事项属于中国证监会职权范围,申请材料齐全、符合法定形式的,由受理部门出具受理通知。

决定受理的申请,按照法律、行政法规的规定,申请人应当交纳有关费用的,受理部门应当通知申请人先行交费,凭交费凭证领取受理通知。

第十六条　申请人有下列情形之一的,作出不予受理申请决定:

(一)通知申请人补正申请材料,申请人在三十个工作日内未能提交全部补正申请材料;

233

（二）申请人在三十个工作日内提交的补正申请材料仍不齐全或者不符合法定形式；

（三）法律、行政法规及中国证监会规定的其他情形。

申请人在三十个工作日内提交补正申请材料确有困难的，可以提交延期补正的书面申请，并说明理由；经审查部门认可的，可以适当延期。

决定不予受理申请的，受理部门出具不予受理通知，告知申请人或者其受托人取回申请材料。申请人或者其受托人取回申请材料的，受理部门应当检查并留存申请人或者其受托人的身份证明文件（或复印件）、授权委托书，经登记后将申请材料退回申请人。

第十七条　受理或者不予受理申请决定，应当自出具申请材料接收凭证之日起五个工作日内或者接收全部补正申请材料之日起二个工作日内作出，逾期不作出决定或者不告知申请人补正申请材料的，自出具申请材料接收凭证之日起即为受理。

第二节　审　　查

第十八条　审查部门在审查申请材料过程中，认为需要申请人作出书面说明、解释的，原则上应当将问题一次汇总成书面反馈意见。申请人应当在审查部门规定的期限内提交书面回复意见。

确需由申请人作出进一步说明、解释的，审查部门可以提出第二次书面反馈意见，并要求申请人在书面反馈意见发出之日起三十个工作日内提交书面回复意见。

申请人的书面回复意见不明确，情况复杂，审查部门难以作出准确判断的，经中国证监会负责人批准，可以增加书面反馈的次数，并要求申请人在书面反馈意见发出之日起三十个工作日内提交书面回复意见。

书面反馈意见由受理部门告知、送达申请人。申请人提交的书面回复意见，由受理部门负责接收、登记。

审查部门负责审查申请材料的工作人员在首次书面反馈意见告知、送达申请人之前，不得就申请事项主动与申请人或者其受托人进行接触。

申请人在第一款、第二款规定的期限内提交书面回复意见确有困难的，可以提交延期回复的书面报告，并说明理由；经审查部门认可的，可以适当延期。

第十九条　需要申请人当面就其提交的书面回复意见作出说明、解释的，审查部门应当指派二名以上工作人员在办公场所与申请人、申请人聘请的中介机构或者申请人的受托人进行会谈。涉及重大事项的，审查部门应当制作会谈记录，并由审查部门工作人员、参与会谈的申请人、申请人聘请的中介机构或者申请人的受托人签字确认。

需要申请人就其提交的书面回复意见作出说明、解释，事项简单的，审查部门工作人员可以通过电话、传真、电子邮件等方式办理，并制作、留存有关电话记录、传真件或者电子邮件。

第二十条　审查部门在审查申请材料过程中，依据法定条件和程序，可以直接或者委托派出机构对申请材料的有关内容进行实地核查。

对有关举报材料，中国证监会及其派出机构可以通过下列方式进行核查：

（一）要求申请人作出书面说明；

（二）要求负有法定职责的有关中介机构作出书面说明；

（三）委托有关中介机构进行实地核查；

（四）直接进行实地核查；

（五）法律、行政法规以及中国证监会规定的其他核查方式。

需要实地核查的，中国证监会及其派出机构应当指派二名以上工作人员进行核查。

第三节 决　　定

第二十一条　在审查申请材料过程中，申请人有下列情形之一的，应当作出终止审查的决定，通知申请人：

（一）申请人主动要求撤回申请；

（二）申请人是自然人，该自然人死亡或者丧失行为能力；

（三）申请人是法人或者其他组织，该法人或者其他组织依法终止；

（四）申请人未在规定的期限内提交书面回复意见，且未提交延期回复的报告，或者虽提交延期回复的报告，但未说明理由或理由不充分。

第二十二条　申请人主动要求撤回申请的，应当向受理部门提交书面报告，受理部门应当出具终止审查通知，经检查并留存申请人或者其受托人的身份证明文件（或复印件）、授权委托书，留存一份申请材料（或复印件），登记后将申请材料退回申请人。

第二十三条　在审查申请材料过程中，有下列情形之一的，应当作出中止审查的决定，通知申请人：

（一）申请人因涉嫌违法违规被行政机关调查，或者被司法机关侦查，尚未结案，对其行政许可事项影响重大；

（二）申请人被依法采取限制业务活动、责令停业整顿、指定其他机构托管、接管等监管措施或者风险处置措施，尚未解除；

（三）对有关法律、行政法规、规章的规定，需要进一步明确具体含义，请求有关机关作出解释；

（四）申请人主动要求中止审查，理由正当。

法律、行政法规、规章对前款情形另有规定的，从其规定。

第二十四条　因本规定第二十三条第一款第一项至三项规定情形中止审查的，该情形消失后，中国证监会恢复审查，通知申请人。

申请人主动要求中止审查的，应当向受理部门提交书面申请。

同意中止审查的,受理部门应当出具中止审查通知。申请人申请恢复审查的,应当向受理部门提交书面申请。同意恢复审查的,受理部门应当出具恢复审查通知。

申请人主动要求中止审查的,如未在三个月内申请恢复审查,中国证监会可以决定终止审查。

第二十五条　中国证监会根据申请人的申请是否符合法定条件、标准,作出准予或者不予行政许可的决定。

作出不予行政许可决定的,应当在不予行政许可决定中说明理由,并告知申请人享有依法申请行政复议或者提起行政诉讼的权利。

第二十六条　作出准予行政许可的决定,需要颁发行政许可证件的,应当向申请人颁发下列行政许可证件:

(一)中国证监会的批准文件;

(二)资格证、资质证或者其他合格证书;

(三)许可证、执照或者其他许可证书;

(四)法律、行政法规规定的其他行政许可证件。

第三章　简易程序

第二十七条　事项简单、审查标准明确、申请材料采用格式文本的行政许可,其实施程序适用本章规定。

适用简易程序的行政许可事项,由中国证监会予以公布。

第二十八条　适用简易程序的行政许可,受理部门当场进行形式审查,并直接作出是否受理的决定或者提出补正申请材料的要求。申请材料存在可以当场更正的错误的,受理部门应当允许申请人当场更正。

第二十九条　审查部门在审查适用简易程序的行政许可申请过程中,可以向申请人口头提出申请材料中存在的问题,要求申请人进行说明、解释,并应当制作相关记录后签字保存。确需书面反馈意见的，依照本规定第十八条的规定办理。

第三十条　适用简易程序的行政许可，由审查部门根据中国证监会负责人的授权，作出准予或者不予行政许可的决定，并加盖中国证监会印章。

第四章　特殊程序

第三十一条　派出机构进行初步审查、中国证监会进行复审并作出决定的行政许可，由派出机构依照本规定第二章第一节的规定接收、登记申请材料，作出是否受理的决定并送达申请人。

中国证监会根据审查情况和派出机构的初步审查意见，作出准予或者不予行政许可的决定。

第三十二条　中国证监会审查、派出机构出具书面意见的行政许可，其受理事项依照本规定第二章第一节的规定办理。

中国证监会根据审查情况和派出机构的意见，作出准予或者不予行政许可的决定。

第三十三条　依法由中国证监会和其他行政机关共同作出决定的行政许可，中国证监会主办的，其受理事项依照本规定第二章第一节的规定办理。

中国证监会提出审查意见，将申请材料移送有关行政机关审查会签。有关行政机关审查会签完毕，中国证监会根据会签情况作出准予或者不予行政许可的决定。

第三十四条　依法由中国证监会和其他行政机关共同作出决定的行政许可，其他行政机关主办的，由受理部门接收、登记申请材料。

中国证监会审查会签后，退回主办行政机关或者转送其他需要会签的行政机关。

第五章　证券发行注册程序

第三十五条　由证券交易所、国务院批准的其他全国性证券交易场所（以下合称审核机构）审核并经中国证监会注册的公开发行证券行政许可，其注册程序适用本章规定。

第三十六条　审核机构将审核意见、注册申请文件及相关审核资料报送至中国证监会履行发行注册程序。负责审阅注册材料的部门（以下称注册部门）确认接收相关注册材料后，由受理部门向审核机构出具注册申请接收凭证。

第三十七条　注册部门按照规定决定问询或者要求审核机构进一步问询的，由受理部门向审核机构出具相关问询问题告知函。

申请人应当在注册部门规定的期限内向审核机构提交问询回复意见，审核机构将相关问询回复意见等材料及时报送至受理部门，受理部门接收后转注册部门办理。

第三十八条　注册部门按照规定决定退回审核机构补充审核的，由受理部门向审核机构出具补充审核告知函。

审核机构补充审核后，认为申请人符合发行条件和信息披露要求的，重新向受理部门报送审核意见及相关资料，受理部门接收后转注册部门办理。

第三十九条　注册部门按照规定作出中止、恢复、终止注册决定的，由受理部门出具中止、恢复、终止注册通知。

第四十条　审核机构提交中国证监会注册后，申请人主动要求中止注册、恢复注册、撤回申请的，应当通过审核机构向受理部门提交书面报告，理由正当且经过注册部门同意的，受理部门应当出具中止、恢复、终止注册通知。

第四十一条　中国证监会根据申请人的申请是否符合法定条件、标准，作出予以注册或者不予注册的决定。

作出不予注册决定的，应当在不予注册决定中说明理由，并告知申请人享有依法申请行政复议或者提起行政诉讼的权利。

第六章 期限与送达

第四十二条 除本规定第四章规定的由派出机构进行初步审查的行政许可、中国证监会和其他行政机关共同作出决定的行政许可以及第五章规定的证券发行注册程序外，中国证监会实施行政许可应当自受理申请之日起二十个工作日内作出行政许可决定。二十个工作日内不能作出行政许可决定的，经中国证监会负责人批准，可以延长十个工作日，并由受理部门将延长期限的理由告知申请人。但是，法律、行政法规另有规定的，从其规定。

第四十三条 派出机构进行初步审查，中国证监会进行复审并作出决定的行政许可，派出机构应当自其受理行政许可申请之日起二十个工作日内审查完毕并向中国证监会报送初步审查意见和全部申请材料。中国证监会应当自接收前述材料之日起二十个工作日内作出行政许可决定。但是，法律、行政法规另有规定的，从其规定。

第四十四条 由审核机构审核并经中国证监会注册的公开发行证券行政许可，中国证监会应当在规定的期限内对申请人的注册申请作出予以注册或者不予注册的决定。

第四十五条 需要申请人对申请材料中存在的问题进行说明、解释的，自出具书面反馈意见或问询问题告知函之日起到接收申请人书面回复意见的时间，不计算在本章规定的期限内。

第四十六条 对行政许可申请有关事项进行核查或者对申请人现场检查，并要求申请人补充、修改申请文件的时间，不计算在本章规定的期限内。

第四十七条 依法需要专家评审的行政许可，自书面通知专家参加评审会议之日起到评审会议结束所需的时间，不计算在本章规定的期限内。受理部门应当将专家评审会议所需时间在受理通知书中注明。

第四十八条 依照本规定中止审查（注册）行政许可申请的，自书面通知中止审查（注册）之日起至书面通知恢复审查（注册）之日止的时间，不计算在本章规定的期限内。

第四十九条 作出准予或者不予行政许可的决定，应当自作出决定之日起十个工作日内向申请人送达行政许可证件或者不予行政许可的书面决定。

第五十条 在行政许可接收、受理、审查、注册环节出具的申请材料接收凭证，送达的补正通知、受理通知、不予受理通知、中止审查通知、中止注册通知、恢复审查通知、恢复注册通知、书面反馈意见、问询问题告知函、补充审核告知函等行政许可文件，应当加盖中国证监会行政许可专用章。

由派出机构进行初步审查的行政许可，派出机构在受理环节出具的有关行政许可文件应使用加盖中国证监会行政许可专用章的函件。

在行政许可决定环节送达的终止审查通知、终止注册通知、行政许可证件以及不予行政许可书面决定等，应当加盖中国证监会印章。

第五十一条 接收凭证、补正通知、受理通知、不予受理通知、书面反馈意见、中止审查通知、中止注册通知、恢复审查通知、恢复注册通知、终止审查通知、终止注册通知、问询问题告知函、补充审核告知函以及行政许可证件、不予行政许可书面决定等行政许可文件，由受理部门统一告知、送达申请人或者审核机构，受理部门应当对送达的情况进行记录并存档。

依据本规定第三十一条、第三十二条作出的行政许可书面决定，还应当同时抄送有关派出机构。

第五十二条 行政许可文件可以通过邮寄、申请人自行领取、申请人委托他人领取、公告、电子送达、通过审核机构送达等方式送达申请人。

第五十三条　申请人要求邮寄送达行政许可文件的,受理部门应当采用挂号信或者特快专递的方式送达,并应当附送达回证,在挂号信或者特快专递的封面写明行政许可文件的名称。受理部门应当及时向邮政部门索要证明申请人签收的邮政部门回执。

第五十四条　申请人自行领取行政许可文件的,受理部门应当要求申请人出示单位介绍信、身份证等身份证明文件并予以签收。申请人委托他人领取的,受理部门应当要求受托人出示申请人的授权委托书、受托人的身份证明文件并予以签收。受理部门应当留存申请人、申请人的受托人的身份证明文件复印件。

第五十五条　申请人在接到领取通知五个工作日内不领取行政许可文件且受理部门无法通过邮寄等方式送达的,可以公告送达。自公告之日起,经过三十日,即视为送达。

第七章　公　　示

第五十六条　行政许可的事项、依据、条件、数量、程序、期限以及需要申请人提交的全部申请材料的目录和申请书示范文本等应当通过中国证监会互联网站或者其他有效便捷的公示方式进行公示,以方便申请人查阅。

第五十七条　申请人要求对公示内容予以说明、解释的,审查(注册)部门予以说明、解释。

第五十八条　作出准予或者不予行政许可决定的,应当自作出决定之日起二十个工作日内在中国证监会互联网站上予以公布;但涉及国家秘密、商业秘密、个人隐私的除外。

第八章 附　　则

第五十九条 法律、行政法规对有关行政许可实施程序另有规定的，从其规定。

本规定有原则规定，中国证监会规章及规范性文件有具体程序规定的，依照具体程序规定执行。

本规定第三章、第四章、第五章未作出规定的其他程序，适用第二章的规定。

第六十条 公开募集基金注册、股票未公开转让的股份有限公司股票向特定对象转让导致股东累计超过二百人注册、股票未公开转让的股份有限公司向特定对象发行证券导致证券持有人累计超过二百人注册、股东人数超过二百人的股票未公开转让的股份有限公司向特定对象发行证券注册的行政许可适用本规定第二章的规定。

中国证监会派出机构实施行政许可，参照本规定执行。

第六十一条 中国证监会及其工作人员在实施行政许可活动中违反本规定的，依照有关行政许可执法监督的规定进行处理。

第六十二条 本规定自公布之日起施行。

旅游行政许可办法

（2018年3月9日国家旅游局令第46号公布　自2018年5月1日起施行）

第一章　总　　则

第一条 为了规范旅游行政许可行为，保护公民、法人和其他组织的合法权益，保障和监督旅游主管部门有效实施行政管理，根据《行政许可法》及有关法律、行政法规，结合旅游工作实际，制定本办法。

第二条 本办法所称旅游行政许可，是指旅游主管部门及具有旅游行政许可权的其他行政机关根据公民、法人或者其他组织的申请，经依法审查，准予其从事特定活动的行为。

第三条 旅游行政许可的设定、实施和监督检查，应当遵守《行政许可法》《旅游法》及有关法律、法规和本办法的规定。

旅游主管部门对其他机关或者对其直接管理的事业单位的人事、财务、外事等事项的审批，不适用本办法。

第四条 实施旅游行政许可，应当依照法定的权限、范围、条件和程序，遵循公开、公平、公正的原则。

旅游主管部门应当按照国家有关规定将行政许可事项向社会公布，未经公布不得实施相关行政许可。行政许可的实施和结果，除涉及国家秘密、商业秘密或者个人隐私的外，应当公开。

符合法定条件、标准的，申请人有依法取得旅游行政许可的平等权利，旅游主管部门不得歧视。

第五条 实施旅游行政许可，应当遵循便民、高效的原则，以行政许可标准化建设为指引，运用标准化原理、方法和技术，提高办事效率，提供优质服务。

国家旅游局负责建立完善旅游行政许可全国网上审批平台，逐步推动旅游行政许可事项的网上办理和审批。地方各级旅游主管部门应当逐步将本部门旅游行政许可事项纳入或者接入全国网上审批平台统一实施。

实施行政许可的旅游主管部门应当编制旅游行政许可服务指南，建立和实施旅游行政许可信息公开制、一次性告知制、首问责任制、顶岗补位制、服务承诺制、责任追究制和文明服务制等服务制度和规范。

第六条 旅游行政规章、规范性文件及其他文件一律不得设定行政许可。

旅游行政规章可以在上位法设定的行政许可事项范围内，对实施该行政许可作出具体规定，但不得增设行政许可；对行政许可条件作出的具体规定，不得增设违反上位法的其他条件。

第七条 公民、法人或者其他组织对旅游主管部门实施行政许可，享有陈述权、申辩权；有权依法申请行政复议或者提起行政诉讼；其合法权益因旅游主管部门违法实施行政许可受到损害的，有权依法要求赔偿。

第八条 旅游行政许可决定依法作出即具有法律效力，非经法定程序不得改变。

旅游行政许可所依据的法律、法规、规章修改或者废止，或者准予行政许可所依据的客观情况发生重大变化的，为了公共利益的需要，旅游主管部门可以依法变更或者撤回已经生效的行政许可。由此给公民、法人或者其他组织造成财产损失的，应当依法给予补偿。

第二章 实施机关

第九条 旅游行政许可由旅游主管部门或者具有旅游行政许可权的其他行政机关在其法定职权范围内实施。

旅游主管部门内设机构和派出机构不得以自己的名义实施行政许可。

第十条 旅游主管部门可以在其法定职权范围内委托具有权限的下级旅游主管部门实施行政许可，并应当将受委托的旅游主管部门和委托实施的旅游行政许可事项予以公告。

委托的旅游主管部门对委托行为的后果，依法承担法律责任。

受委托的旅游主管部门在委托范围内，以委托的旅游主管部门名义实施行政许可，不得转委托。

第十一条　旅游主管部门应当确定具体承担旅游行政许可办理工作的内设机构（以下简称承办机构）。承办机构的主要职责包括：

（一）受理、审查旅游行政许可申请，并向旅游主管部门提出许可决定建议；

（二）组织旅游行政许可听证工作；

（三）送达旅游行政许可决定和证件；

（四）旅游行政许可的信息统计、信息公开工作；

（五）旅游行政许可档案管理工作；

（六）提供旅游行政许可业务咨询服务；

（七）依法对被许可人从事旅游行政许可事项的活动进行监督检查。

承办机构需要其他业务机构协助办理的，相关业务机构应当积极配合。

第三章　申请与受理

第十二条　从事依法需要取得旅游行政许可活动的，应当向行政机关提出申请。申请书需要采用格式文本的，旅游主管部门应当免费提供申请书格式文本和常见错误实例。申请书格式文本中不得包含与申请行政许可事项没有直接关系的内容。

申请人依法委托代理人提出行政许可申请的，应当提交申请人、代理人的身份证明文件和授权委托书。授权委托书应当载明授权委托事项和授权范围。

第十三条　旅游主管部门应当将旅游行政许可事项、依据、申请条件、数量限制、办理流程、办结期限及申请材料目录和申请书示范文本等，在办公场所或者受理场所及政务网站公示，方便申请人索取使用、获取信息。

申请人要求对公示内容予以说明、解释的，承办机构应当说明、解释，提供准确、可靠的信息。

第十四条　旅游主管部门应当设置一个固定场所作为旅游行政许可业务办理窗口，配备政治素质高、业务能力强、熟悉掌握旅游行政许可业务工作的受理人员，统一受理申请、提供咨询和送达决定，并在办公区域显著位置设立指示标志，引导申请人到受理窗口办理许可业务。

旅游行政许可事项纳入行政服务大厅集中受理的，按照相关规定和要求执行。

第十五条　申请人申请行政许可，应当如实向旅游主管部门提交有关材料和反映真实情况，并对其申请材料实质内容的真实性负责。旅游主管部门不得要求申请人提交与其申请的行政许可事项无关的材料。

第十六条　受理申请时，旅游行政许可受理人员应当审查下列事项：

（一）申请事项是否属于本部门行政许可受理范围；

（二）申请人或者代理人提交的身份证件和授权委托书是否合法有效，授权事项及范围是否明确；

（三）申请材料中是否明确附有申请人签名或者盖章；

（四）申请人提交的材料是否符合所申请事项的各项受理要求。

第十七条　对申请人提出的行政许可申请，旅游主管部门应当根据下列情况分别作出处理：

（一）申请事项依法不需要取得行政许可的，应当即时告知申请人不受理，并向申请人出具《行政许可申请不予受理通知书》，说明理由和依据；

（二）申请事项依法不属于本部门职权范围的，应当即时作出不予受理的决定，并向申请人出具《行政许可申请不予受理通知书》，告知申请人向有关行政机关申请；

（三）申请材料存在文字、计算等可以当场更正的错误的，应当允许申请人当场更正，并告知其在修改处签名或者盖章确认；

（四）申请材料不齐全或者不符合法定形式的，应当当场或者在5日内一次性告知申请人需要补正的全部内容，并向申请人出具《行政许可申请补正材料通知书》。逾期不告知的，自收到申请材料之日起即为受理；

（五）申请人未在规定的期限内提交补正材料，或者提交的材料仍不符合要求但拒绝再补正的，应当作出不予受理的决定，并向申请人出具《行政许可申请不予受理通知书》，说明理由和依据；

（六）申请事项属于本部门职权范围，申请材料齐全、符合法定形式或者申请人依照本部门要求提交全部补正材料的，应当受理行政许可申请，并向申请人出具符合行政许可受理单制度要求的《行政许可申请受理通知书》。

旅游主管部门出具前款规定的相关书面凭证，应当加盖单位印章或者行政许可专用印章，并注明日期。

第四章 审查与决定

第十八条 旅游主管部门应当根据申请人提交的申请材料，对其是否具备许可条件、是否存在不予许可的情形等进行书面审查；依法需要对申请材料的实质内容进行核实的，应当指派两名以上工作人员进行现场核查。

核查人员在现场核查或者询问时，应当出示证件，并制作现场核查笔录或者询问笔录。现场核查笔录、询问笔录应当如实记载核查的时间、地点、参加人和内容，经被核查人、被询问人核对无误后签名或者盖章，并由核查人员签字。当事人或者有关人员应当如实回答询问，并协助核查。

第十九条　旅游主管部门对行政许可申请进行审查时，发现该行政许可事项直接关系他人重大利益的，应当告知该利害关系人。申请人、利害关系人有权进行陈述和申辩。

行政许可办理工作人员对申请人、利害关系人的口头陈述和申辩，应当制作陈述、申辩笔录；经复核，申请人、利害关系人提出的事实、理由成立的，应当采纳。

第二十条　申请人在作出行政许可决定前自愿撤回行政许可申请的，旅游主管部门应当准许。

申请人撤回申请的，应当以书面形式提出，并返还旅游主管部门已出具的相关书面凭证。对纸质申请材料，旅游主管部门应当留存复制件，并将原件退回。

第二十一条　有下列情形之一的，旅游主管部门应当作出中止审查的决定，并通知申请人：

（一）申请人因涉嫌侵害旅游者合法权益等违法违规行为被行政机关调查，或者被司法机关侦查，尚未结案，对其行政许可事项影响重大的；

（二）申请人被依法采取限制业务活动、责令停业整顿、指定其他机构托管、接管等措施，尚未解除的；

（三）对有关法律、法规、规章的规定，需要进一步明确具体含义，请求有关机关作出解释的；

（四）申请人主动要求中止审查，理由正当的。

法律、法规、规章对前款情形另有规定的，从其规定。

行政许可中止的原因消除后，应当及时恢复审查。中止审查的时间不计算在法定期限内。

第二十二条　有下列情形之一的，旅游主管部门应当作出终止审查的决定，并通知申请人：

（一）申请人自愿撤回申请的；

（二）作为申请人的自然人死亡或者丧失行为能力的；

（三）作为申请人的法人或者其他组织终止的。

第二十三条　旅游主管部门对行政许可申请进行审查后，能够当场作出决定的，应当当场作出书面行政许可决定；不能当场作出决定的，应当在法定期限内按照规定程序作出行政许可决定。

第二十四条　申请人的申请符合法定条件、标准的，旅游主管部门应当依法作出准予行政许可的书面决定；不符合法定条件、标准的，旅游主管部门应当依法作出不予行政许可的书面决定，说明理由，并告知申请人享有依法申请行政复议或者提起行政诉讼的权利。

行政许可书面决定应当载明作出决定的时间，并加盖单位印章或者行政许可专用印章。

第二十五条　旅游主管部门作出准予行政许可的决定，需要颁发行政许可证件的，应当在法定期限内向申请人颁发加盖单位印章或者行政许可专用印章的行政许可证件。

行政许可证件一般应当载明证件名称、发证机关名称、被许可人名称、行政许可事项、证件编号、发证日期和证件有效期等事项。

第二十六条　旅游主管部门可以采取下列方式送达行政许可决定以及其他行政许可文书：

（一）受送达人到旅游主管部门办公场所或者受理场所直接领取，在送达回证上注明收到日期，并签名或者盖章；

（二）邮寄送达的，申请书载明的联系地址为送达地址，受送达人及其代收人应当在邮件回执上签名或者盖章，回执上注明的收件日期为送达日期；

（三）受送达人拒绝接收行政许可文书的，送达人可以邀请有关基层组织或者所在单位的代表到场，说明情况，在送达回证上记明拒收事由和日期，由送达人、见证人签名或者盖章，把许可文书留在受送达人的住所；也可以把许可文书留在受送达人的住所，并采用拍照、录像等方式记录送达过程，即视为送达；

（四）直接送达有困难的，可以委托当地旅游主管部门送达；

（五）无法采取上述方式送达的，可以在公告栏、受送达人住所地张贴公告，也可以在报刊上刊登公告。自公告发布之日起 60 日后，即视为送达。

第二十七条　旅游主管部门作出的准予行政许可决定，应当按照《政府信息公开条例》的规定予以公开，并允许公众查阅。

第二十八条　旅游主管部门应当在颁发行政许可证件之日起 30 日内，逐级向上级旅游主管部门备案被许可人名称、行政许可事项、证件编号、发证日期和证件有效期等事项或者共享相关信息。

第五章　听　证

第二十九条　法律、法规、规章规定实施旅游行政许可应当听证的事项，或者旅游主管部门认为需要听证的其他涉及公共利益的重大行政许可事项，旅游主管部门应当向社会公告，并举行听证。

第三十条　旅游行政许可直接涉及申请人与他人之间重大利益关系的，旅游主管部门应当在作出行政许可决定前发出《行政许可听证告知书》，告知申请人、利害关系人有要求听证的权利。

第三十一条　申请人、利害关系人要求听证的，应当在收到旅游主管部门《行政许可听证告知书》之日起 5 日内提交申请听证的书面材料；逾期不提交的，视为放弃听证权利。

第三十二条　旅游主管部门应当在接到申请人、利害关系人申请听证的书面材料后 20 日内组织听证，并在举行听证的 7 日前，发出《行政许可听证通知书》，将听证的事项、时间、地点通知申请人、利害关系人，必要时予以公告。

第三十三条　听证主持人由旅游主管部门从审查该行政许可申请的工作人员以外的人员中指定，申请人、利害关系人认为主持人与该行政许可事项有直接利害关系的，有权申请回避。

第三十四条　行政许可审查工作人员应当在举行听证 5 日前，

251

向听证主持人提交行政许可审查意见的证据、理由等全部材料。申请人、利害关系人也可以提出证据。

第三十五条 听证会按照下列程序公开进行：

（一）主持人宣布会场纪律；

（二）核对听证参加人姓名、年龄、身份，告知听证参加人权利、义务；

（三）行政许可审查工作人员提出审查意见的证据、理由；

（四）申请人、利害关系人进行申辩和质证；

（五）行政许可审查工作人员与申请人、利害关系人就争议事实进行辩论；

（六）行政许可审查工作人员与申请人、利害关系人作最后陈述；

（七）主持人宣布听证会中止、延期或者结束。

第三十六条 对于申请人、利害关系人或者其委托的代理人无正当理由不出席听证、未经听证主持人许可中途退出或者放弃申辩和质证权利退出听证会的，听证主持人可以宣布听证取消或者终止。

第三十七条 听证记录员应当将听证的全部活动制作笔录，由听证主持人和记录员签名。

听证笔录应当经听证参加人确认无误或者补正后，当场签名或者盖章。听证参加人拒绝签名或者盖章的，由听证主持人记明情况，在听证笔录中予以载明。

第三十八条 旅游主管部门应当根据听证笔录，作出行政许可决定。对听证笔录中未认证、记载的事实依据，或者听证结束后申请人提交的证据，旅游主管部门不予采信。

第六章 档案管理

第三十九条 旅游主管部门应当按照档案管理法律、法规和标准要求，建立科学的管理制度，配备必要的设施设备，指定专门的人员，采用先进技术，加强旅游行政许可档案管理。

第四十条　旅游行政许可档案管理内容主要包括下列材料：

（一）申请人依法提交的各项申请材料；

（二）旅游主管部门实施许可过程中直接形成的材料；

（三）法律、法规规定需要管理的其他材料。

材料形式应当包括文字、图标、声像等不同形式的记录。

第四十一条　承办机构应当对档案材料进行分类、编号、排列、登记、装订，及时整理立卷，并定期移交本部门档案管理机构归档。

档案交接、保管、借阅、查阅、复制等，应当遵守有关规定，严格履行签收、登记、审批手续。涉及国家秘密的，还应当依照《保密法》及其实施条例的规定办理。

第四十二条　旅游主管部门应当明确有关许可档案的保管期限。保管期限到期时，经鉴定档案无保存价值的，可按有关规定销毁。

第七章　监督检查

第四十三条　旅游主管部门应当建立健全旅游行政许可监督检查制度，采取定期或者不定期抽查等方式，对许可实施情况进行监督检查，及时纠正行政许可实施中的违法行为。

旅游主管部门应当制定旅游行政许可实施评价方案，明确评价主体、方式、指标和程序，并组织开展评价，依据评估结果持续提高许可工作质量。

第四十四条　旅游主管部门应当依法对被许可人从事旅游行政许可事项的活动进行监督检查，并将监督检查的情况和处理结果予以记录，由监督检查人员签字后归档。公众有权查阅监督检查记录。

第四十五条　有《行政许可法》规定的撤销、注销情形的，旅游主管部门应当依法作出撤销决定、办理注销手续。

第四十六条　旅游主管部门及其工作人员在实施行政许可、监督检查过程中滥用职权、玩忽职守、徇私舞弊的，由有权机关依法给予行政处分；构成犯罪的，依法追究刑事责任。

第四十七条 行政许可申请人、被许可人有违反《行政许可法》《旅游法》及有关法律、法规和本办法规定行为的，旅游主管部门应当依法给予处理；构成犯罪的，依法追究刑事责任。

公民、法人或者其他组织未经行政许可，擅自从事依法应当取得旅游行政许可的活动的，旅游主管部门应当依法采取措施予以制止，并依法给予行政处罚；构成犯罪的，依法追究刑事责任。

第八章 附 则

第四十八条 本办法规定的期限以工作日计算，但第二十六条和第二十八条规定的期限除外。

第四十九条 法规、规章对旅游主管部门实施旅游行政许可有特别规定的，按照有关规定执行。

省、自治区、直辖市人民政府决定旅游行政许可权由其他部门集中行使的，其旅游行政许可的实施参照适用本办法。

第五十条 本办法自2018年5月1日起施行。2006年11月7日国家旅游局发布的《国家旅游局行政许可实施暂行办法》同时废止。